敢学牡丹开

GANXUE MUDAN KAI

一位乡村教师的成长历程

何本清 ◎ 著

中国文联出版社

图书在版编目（CIP）数据

敢学牡丹开：一位乡村教师的成长历程 / 何本清著. — 北京：中国文联出版社，2023.7
ISBN 978-7-5190-5262-1

Ⅰ.①敢… Ⅱ.①何… Ⅲ.①农村学校—师资培养—研究—中国 Ⅳ.①G451.2

中国国家版本馆CIP数据核字（2023）第133974号

著　者　何本清
责任编辑　刘　旭
责任校对　翰林校对
装帧设计　刘贝贝　李　娜

出版发行　中国文联出版社有限公司
社　　址　北京市朝阳区农展馆南里10号　　邮编　100125
电　　话　010-85923025（发行部）　010-85923091（总编室）
经　　销　全国新华书店等
印　　刷　天津和萱印刷有限公司

开　　本　710毫米×1000毫米　　1/16
印　　张　16.25
字　　数　256千字
版　　次　2023年7月第1版第1次印刷
定　　价　58.00元

版权所有·侵权必究
如有印装质量问题，请与本社发行部联系调换

序言

诗和远方

（代序）

读了何本清老师的书稿，我想到了"诗和远方"四个字。诗，代表美好；远方，代表理想。一个语文教师内心有了诗和远方，也拥有了精神追求，就像一盏灯，燃起了光，带来了亮。

在这本书里，何本清老师记录了自己的心灵成长史。

首先是读书。何老师十分重视读书，将其看作精神生命的第一需求。他读了很多书，为自己的精神生命注入了足够的能量，这十分难得。语文教师不读书、读书少、读书不当，都是大问题。温儒敏老师提出，语文教师要做"读书种子"。全国中语会发起了教师读书活动，为教师提供了阅读书目，涵盖教育、教学，以及文学、历史、哲学等领域，都是经典名著。读这些书，首先是补给精神能量，使自己内心丰富起来。只有精神世界丰富的人，才可能拥有诗和远方。

当然，读书还有利于教学工作，可以帮助教师提升专业水平。教师不读书，可能连学生都不如。我看到个别教师天天忙于打麻将、玩扑克，就是不读书，这如何能应对信息时代成长起来的青年学生呢？站在讲台上会不会捉襟见肘呢？何本清老师对此是有深刻认识的。他通过读书，丰富了自己的知识，深化了自己的思想，增长了自己的才干，我相信他的课堂教学一定左右逢源，措置裕如，这样的教师也一定能受到学生的喜爱。如此，学生在教师引领下，也就会憧憬着诗和远方了。

其次，何本清老师是一位悉心钻研教学的人。课堂虽小，但学问颇深，不易掌握。有的教师从教多年，并没有在课堂教学中站稳脚跟，更不用说升堂入室了。何本清老师将课堂作为一门学问来研究，甚至视课堂为生命，从而形成了自己的课堂生命观。他通过三尺讲台，拓宽了人生空间，延伸了生命长度；课堂既是诗和远方的起点，也是他不懈追求的目标。这是一个优秀语文教师所具备的素养和品格。我相信，学生在何老师的课堂上一定充满了幸福感，从而开启自己的人生航程，向着诗和远方进发。

最后，语文本身既是诗，也是远方，何老师在这方面已经取得可喜成绩，但在这部书里，还有超越语文的东西——那就是育人。我看到何老师与学生的通信，与自己孩子的通信。这些内容不仅是诗，更是远方。我始终认为，语文毕竟是学科，它与数、理、化、政、史、地等学科相比，虽然有异，但都是一条人生路径而已。它们最终指向学生的成长，这就是终极关怀。因此，教师一定要将育人放在核心位置，不能只盯着考分。我看到何老师关心学生心灵的成长，并与学生有深入的心灵沟通，在师生之间建立起了深厚的友谊。这充分体现了"人师"的品质。这样的教育所体现出来的诗和远方远远超出了语文学科的范畴，在更高、更远的前面向学生招手，从而体现了教育的真谛。

当然，何老师还在成长中。他还年轻，要读的书还很多，要研究的课例还很多，要培养的学生还很多，要走的路还很长。我相信，何老师向着诗和远方已经迈出了可喜的一大步，在接下来的教育生涯中，他一定能取得更加突出的业绩。是为序。

程 翔

2023年3月14日于北京

苔花犹似牡丹开

（自序）

我不是最优秀的教师，但我觉得自己是比较努力的教师。自1997年踏上三尺讲台，我便将自己满腔的热情倾注在这份事业中。于教师来说，这本是应尽之责。可于一个乡村教师来说，虽地不偏远，但观念稍为落后，教研意识、成长意识都较为淡薄。一路走来，得意时，我意气风发、高歌猛进；失意时，我也心灰意懒、犹豫彷徨。

我曾写过一首自嘲诗：

> 不要谈什么兴国安邦专业成长
> 那都是故作清高的装
> 让我们一起潇洒风光
> 这样才够刺激疯狂
> 不挪办公室了
> 随波逐流才能远航
> 逆流而上那是自取灭亡
> 不想三想四了
> 让我们一起吊儿郎当
> 让我们一起虚度时光
> 一起幸福至消亡

当一个教师走上专业成长之路，他的行走方式必然不是媚俗的，必然与现实有所冲突，也必然引起他人的非议，也必然经受内心的煎熬。于是便会陷入一种非本质的，即遮蔽的状态，这是一个人发展成长中的真实情况。不在沉默中爆发，便在沉默中消亡。我很幸运，我走出了黑暗的洞穴，朝向理想，找寻自己的"桃园"去了。

最初，我痴迷于班主任工作。为了能做好班主任工作，我阅读魏书生、李镇西等人的著作；我运用"交心本"和学生敞开心扉深入交流；我带领学生旅游、野营，开展各种活动；我邀请学生到我家里吃饭做客；我深入每一个学生家里走访……因此，我赢得了学生及家长的认可，将教育的"情意性"发挥到了极致，也取得了良好的教育教学效果。

就这样几年下来，我将我的班级带得轰轰烈烈、有声有色。于是我渐渐迷失起来，自认为掌握了教育的武林秘籍。那时的我曾放言，即使把学校里最难管的学生交给我，我也能带好他。

可直到后来又接手了一批新生，那年也正值儿子参加高考，那是一种怎样的忙碌？陪读陪考陪谈心啊！不得一丝空闲，即使有，悬着的心也放不下来。

不凑巧的是，我们班的师资配备又出现了严重的问题。数学老师上班仅一个多月就因病辞去工作；物理老师又请了产假。随后，几经调换，也一直没有妥善解决。再加上我请假较多，整个班级也是混乱不堪。

更重要的是，这级学生中，优质生源流失严重，整体水平较差，尤其是问题学生较多。面对诸多不利因素，各任课教师一接手就感觉到这批学生太难教了，从前从未遇到这样的学生。于是我的耳边就时常响起老师们的抱怨声：你看你们班的某某太特殊了，你们班的某某又没交作业，你们班的纪律太差了……

原本以班级管理见长而自豪的我，在这种情况下，一时竟束手无措，难觅良方。这本来是对我的一种考验，我知道教育非一日之功，也没有灵丹妙药，怎能让它立竿见影？我本该潜下心来研究教育良策，可面对老师们的抱怨，我的心也跟着浮躁起来。于是对学生们使出了我曾经不屑的一些手段。一切看起来是那么的痛快淋漓，那么的尽职尽责。

但这样的手段治标不治本，导致问题越积越多。我开始潜心治理班级，可长期的积贫积弱，使我一时也难以力挽狂澜。班里问题频出，有因琐事离家出走的，有因同学矛盾转入体校的，有因学习困难而逃学的。这于别人来说也许不算什么，可对我来说却是一种耻辱。想想我以前带的班级，那种温暖，那种家的感觉，那种班级凝聚力，谁会舍得离开呢？可现在，竟有那么多同学疏远着我，甚至想弃我而去。

现在静心想来，我所做的一切无非功利而已。我的心乱了方寸，班级不也就乱了吗？我不是常把"教育是等和慢的艺术"挂在嘴边吗？我真是枉读了那么多的书啊！我不得不内疚自责啊！怪都怪我，定力不足，忘却初心！

同学们，请允许我说声对不起，因我一时浮躁，让你们受委屈了！我欠你们一份理智，欠你们一份温情，欠你们一份真爱！莫慌！且看明日，我将抖落尘埃，带领你们一起杀出重围，如何？

人的思想就如同田地，不时常梳理反思，就会荒芜。我的思想之田也几近荒芜了，何不归去？归去！

如何杀出重围？归去哪里？我在思索着，我在寻觅着。

当你的才华和能力无法支撑起你的梦想时，那就去阅读吧。于是我又一头扎进书籍的海洋里。

读苏霍姆林斯基《给教师的建议》，我明白了，自尊是一个人得以持久发展的内在动力，一切教育都要以培养、保护学生的自尊为要义，而形成自尊的最佳方法是让学生在学习上取得成就感。

过去，我对这一认识非常肤浅。我所做的不过就是和学生谈了一场恋爱罢了，只是用爱心、赏识、激励这些改变外在评价的手段来让学生获得愉悦。这是专业化的缺失，企图寻找捷径所致。这种捷径，常常会形成一种表面的发展，从而遮蔽真正的教师专业发展。我也越来越意识到，对一个老师来说，最宝贵的不是对学生无微不至的呵护，不是让学生不受一点委屈，而是帮助学生克服学习上的困难，以此给学生带来自尊自信，让学生有更加强烈的学习愿望。当然，要做到这一点，就需要教师精深的专业知识和高超的教育素养。

于是，我将自己的精力和目标转向了语文教学，也踏上了专业成长之路。我开始阅读老一辈教育家程翔、余映潮、魏书生、于永正、程红兵、于漪、黄厚江等人的著作；阅读新生代王君、肖培东、管建刚等人的著作；阅读叶嘉莹、孙绍振的文本解读；阅读王荣生的语文教学理论；阅读吴非的教学勇气；阅读《人是如何学习的》《静悄悄的革命》《学校无分数教育三部曲》《追求理解的教学设计》……

潘新和教授说："读优秀的作品，有了诗，有了梦，于是去圆梦。"阅读，让我窥见了教育教学的美好，让我望见了诗与远方，让我有了继续前行的动力。在阅读的过程中，我一边反思，一边实践，一边写作，才有了我的语文教学改革，才有了我的与众不同，才有了我的点滴思考。我将这些点滴思考汇集起来，才有了这本《敢学牡丹开——一位乡村教师的成长历程》。

  愿更多的教师，尤其是乡村教师，都能从我的成长经历中吸取一点经验和教训，获得一点成长的信心和勇气。相信，平凡渺小如苔花的我们，也能灼灼开放！

何本清
2023年3月17日

目 录

第一辑 读书成长
——书卷多情似故人，晨昏忧乐每相亲

教师的专业成长离不开的主题阅读 ………………………………… 2
谈读书 …………………………………………………………………… 4
也谈"书能医愚" ………………………………………………………… 8
在阅读中再造一个新我 ………………………………………………… 11
行走在成长的路上——《第56号教室的奇迹》观后启迪 …………… 17
读《教师阅读地图》有感——大道在脚下，阔步向前行 ……………… 22
读《不跪着教书》遐思 …………………………………………………… 24
赤子之心照千古——《唐宋词十七讲》读后感 ………………………… 29
回忆经典 ………………………………………………………………… 37
教育的目的是指向人 …………………………………………………… 39
神奇的力量 ……………………………………………………………… 41
跟佐藤学学教研 ………………………………………………………… 43
摸爬滚打再起航——余映潮《给语文教师的80条建议》阅读心得 …… 47
《"全语文教育"课程的建构与实施》阅读心得 ……………………… 49

第二辑　教学探索

——纸上得来终觉浅，绝知此事要躬行

踏花归去马蹄香——一个乡村语文教师的教学探索之路……………54
我的课堂我做主——412语文单元整体教学模式初探…………………60
新课标理念下我的语文教学框架………………………………………66
基于倾听、对话理念的课堂教学设计…………………………………69
"基于深度学习的初中语文新读写结合教学研究"之我见……………75
《一棵小桃树》读写结合教学设计——学习托物言志的写作手法………79
《紫藤萝瀑布》教学设计——指向写作的隐性读写结合课例…………83
基于"学习共同体"理念下的课堂教学设计——以《秋天的怀念》教学设计为例…88
《狼》创意教学设计两则………………………………………………92
《皇帝的新装》创意教学设计一则……………………………………94
评郑桂华老师的《安塞腰鼓》——寻找文本的交集点…………………97
一堂灵动飞扬的语文课——《看云识天气》课例评析…………………99
析词润句字必从　勾前联后文自顺——作文"文从字顺"指导教学设计…103
倾诉有对象　表达有目的——作文"读者意识"教学设计………………107
《布局谋篇》教学设计——凡事预则立，不预则废……………………110

第三辑 教育杂感

——常为深爱含泪水，唯恐蹉跎误苍生

愿我们始终保持前进的姿态——写给读书会的老师们……………………116

教育教学行为的两大误区………………………………………………………120

什么是爱…………………………………………………………………………123

丰富多彩的校园精神生活………………………………………………………126

小学教育的任务…………………………………………………………………129

倾听是教师最美丽的姿态——牢记对话，不忘倾听…………………………131

有效教学从保护学生的学习愿望开始…………………………………………136

如何唤醒孩子的学习积极性……………………………………………………139

学困生问题浅析…………………………………………………………………142

尊严来自智慧 智慧来自学习…………………………………………………146

"自我教育"运用尝试……………………………………………………………149

我的教材观………………………………………………………………………153

教育也该有点冲动………………………………………………………………155

善良需要培养……………………………………………………………………158

第四辑　师生情长

——幸得识卿桃花面，自此阡陌多暖春

痴情化诗传心语	162
多给孩子留点空间	165
敞开心扉给人看	168
给学习困难同学的一封信	170
假如我们师生之间都能敞开心扉多好	173
与2012届学生毕业后的交流	175
精诚所至　金石为开——给小乔的信	181
再次留言	183
给晓晴同学的一封信	189
触摸教育的幸福	192
写给全体同学的一封信	198
充满期待的回信	203
学习是一个连锁反应——新学期致新同学的一封信	206
做个自由人	209
不要远离我	212

第五辑　生活随笔

——疏影横斜水清浅，暗香浮动月黄昏

短文十篇 ………………………………………………… 216
月光下的遐思 …………………………………………… 224
二月二琐忆 ……………………………………………… 226
"财迷"的父亲 …………………………………………… 228
给儿子的一封信 ………………………………………… 230
忠诚的猫 ………………………………………………… 234
一天的工作 ……………………………………………… 236
温暖时刻 ………………………………………………… 239
沸腾的课堂 ……………………………………………… 241
教师颂 …………………………………………………… 243

第一辑

读书成长

——书卷多情似故人,晨昏忧乐每相亲

教师的专业成长离不开的主题阅读

从我们的读书会成立之初,就有几个老师问我,加入读书会是不是读什么书都行啊。我当时就告诉人们,不是的,我们要进行系统阅读,首先要读一些教育教学类的书籍。为此,好几个老师都唉声叹气地离去了。我也为他们深感惋惜。本来"开卷有益"毋庸置疑,加入读书会,只要能促进人们读书,就是一件好事,就应该接纳他们。可我还是把调子定高了一点,原因就是我们是教师,我们首先要做好自己分内的事情,那就是提高自己的教育教学水平。而这就离不开系统阅读。那何谓系统阅读?老师到底该读哪些书?

关于这个问题有很多不同的见解。作为教师,通过我的阅读经历,我发现李镇西老师对读什么书的观点和我不谋而合。那就是,我们教师所阅读的书籍,大致应该分为三类:教育通用类的、学科类的、生活类的。

首先说说教育类书籍。这类书没有学科限制,是所有学科老师都可以通读的书。这类书的内容是有关教育是什么,教育的意义,教育的目的以及教育的方法等。阅读此类书籍,能让老师们弄清教育的本质,能使我们找到教师这一职业的归属感,更能汲取到工作的动力。这应该是所有老师都必须要读的书。从国内的大家名师,如魏书生、李镇西、张万祥、郑立平、万玮等,到国外的苏霍姆林斯基、雷夫、雅思贝尔等,这些人大多都通过自身的教育实践,用鲜活的教育案例来揭示一些教育原理,同时给人们提供了一些宝贵的教育方法,有很强的可读性和操作性。作为教师,不读这样的书籍,很容易陷入教育的疲惫期,那样的话对学生、对自己都是一种伤害。

第二类应该读的书,就是和自己所教的学科有关的教学类书籍了。一般说一个老师业务精湛,就是指这个老师在学科教学中很有一套,这是一个老师的立足之本。虽然能教出好成绩的老师不一定就是好老师（他可能违背教育规律，用威逼利诱的手段，这样在短期内，对提升成绩来说更见效），但一个教不出好成绩的老师永远算不上真正的好老师。从读书方面来说，你只要读了教育类的书籍，有了对教育的深刻认识，没有人不会继续读教学类书籍的。

第三类书就是人生类的书了。它包括的范围很广，从内容上来说，天文地理、哲学经济、文化军事，等等，无所不包；从形式上来说，小说散文、喜剧童话、诗歌寓言、报告文学，等等，无所不揽。之所以读这类书，从功利的角度来说，是"功夫在诗外"。任何知识都可以融会贯通，最后连接起来，为我们的教学服务。教师就应该博览群书，做一个杂家。从精神的角度来说，读此类书籍，能让人怡情悦性，能使人成为一个有智慧的人，也使自己不轻易被别人忽悠。

以上这三类书，可以说是三个大的系统或主题。而这三类书的阅读是贯穿于人的一生的，读的时间越久越好。如果把人的思想精神比喻成一棵树的话，你读得越久，你的精神之树就越茁壮茂盛。虽然说只要读书就有收益，但如果你不持续阅读，耽搁久了，你思想的源泉就会枯竭，你的教育热情便会慢慢消退，直至消失，直至泯然众人。

读完以上内容，你就明白我们为什么要从教育类书籍读起了，你也就明白我们为什么要定下阅读制度了。大多数老师都早就接触过第三类和第二类书籍了，但可能还没有养成阅读习惯。在这种情况下，三周来，你们能坚持到学堂读书，真的很佩服你们。希望我们都能坚持下去，将读书进行到底。

我的阅读计划是，本学期只读教育类书籍。以后每学期至少要继续读一本教育类书籍，其余我们再从教学类书籍读起，如果你还有时间和精力，最好是再读点人生类的书籍。关于这类书，我们不做具体要求，你明白读此类书的重要性就行，至于读不读，那就要看你自己了。

谈读书

一、我们为什么读书

人的一生就是和懒惰做斗争的一生！是人就有惰性，都喜欢躲在自己的舒适区里不肯出来，都喜欢过"平静"的生活，讨厌甚至是怨恨别人打扰自己。可我们往往就是在这种"平静"中陷入一些黑洞而不自知，这如同温水煮青蛙，久而久之便沦落为平庸。

人可以平凡、平淡，但不可以平庸。做教师尤其如此，因为我们过的不仅仅是自己的生活，我们过的是影响人、教育人的生活。教师之于学生，就是指路明灯。无论如何，我们都不能推脱掉自己的责任，否则就会误人子弟。

社会发展到今天，人类之所以越来越强大，动物之所以万年不变，其关键就在于人类善于反思、善于学习。我们如果不是站在巨人的肩膀上，又何以登天飞月？又何以自称万灵之长？正所谓："不登高山，不知天之高也；不临深溪，不知地之厚也；不闻先王之遗言，不知学问之大也。"

也许我们每个人都自我感觉良好，都觉得自己是最用功的。谁都不能否认这一点，中国的绝大多数老师都很辛苦，都很卖力。可如果我们只顾埋头赶路，而不去仰望星空，我们很可能会迷失方向，甚至把灵魂落在身后。长此以往，我们的精神就会麻木、空虚，生活就会无聊、平庸。

为了让生活变得更加精彩也更有意义，我们需要学习。学习之心，人人有之，谁不愿意向善向好？那就从一本书开始吧，书中自有诗和远方。当一个人的才华支撑不起自己的梦想时，唯有读书能让你接近梦想。

自三名读书活动开展以来，我们共读了四本书，想必各位都收获满满，如果写点感悟、启示之类，也必会洋洋洒洒下笔千言甚至万语。但我们的阅读却不能止于感悟，因为读书的真正目的是"学以致用"，是用于指导我们的工作实践。

那么问题来了，请反思一下自己的教育教学实践到底都发生了哪些改变？或者说，你的班级管理或课堂教学都发生了哪些改变？例如你在课堂上的姿态是不是变得谦恭了？你的课堂语气是不是变得柔和了？你的课堂氛围是不是变得润泽了？

如果答案是肯定的，那说明你有一定的阅读基础或你读得很认真。读着读着，在不经意间，你的教育教学行为就发生了一些改变。这就是读书的力量。

如果你觉得自己的教育现状并没有明显的改变，说明你很诚实，愿意面对真实的自己。其实也不用着急。冰冻三尺，非一日之寒，滴水穿石也非一日之功。妄图通过一朝一夕的阅读就想改变现实，这是不切实际的。因为我们读书，读的大多是理论，理论和现实之间都隔着一层厚壁障。这层厚壁障是靠实力来打破的，而读书之效非在旦夕之间，而在长久。另外，好多理论讲的都是教育的最高境界，例如陶行知的"教学做合一"，我们不是不知其妙，而是我们力之不逮。这对老师的专业素养要求极高，绝非拿来就能用。我们必须穷尽毕生精力，边学边实践，边实践边思考，边思考边改进，方能触摸一二。

还有，我们从陶行知、魏书生以及高万兴、华应龙、窦桂梅、刘可钦等特级教师身上，感受到对学生的尊重。这是一种儿童视角、民主思想的落实，放在我们普通人身上也很难。因为我们思想深处的等级意识、专制思想（这一点毋庸讳言，这是每个人都有的，我们只有敢于面对自己，才能改造自己）都制约着我们不肯放下架子、俯下身子跟学生学。不能跟学生打成一片，教学合一仍是空谈。

对于这些大师们的教育教学水平和境界，也许我们永远难以企及，但我们都是三名人，我把我们想象成一群尺码相同的人，一群愿意追求真理，求知若渴，愿意亲近那些真正伟大的书籍，尤其是那些能够帮助我们理解教育、理解人性，解决问题的专业书籍，并且甘心承受一次次的"打击"，勇于不断地自我否定，将专业修炼视为终身之事的人。

二、读什么书

昨天晚上，看到老师们就阅读问题提出了好多困惑，以前我也产生过这样一些困惑，我虽读书不多，但读的时间稍长了一点，读着读着，一些困惑也就解决了。真正的阅读，应该是和实践相融合的。或者是因实践中产生困惑而去书籍中寻求答案；更多情况下是在闲暇时的主动阅读，然后在实践中运用。如果你读得过多过快，就来不及在实践中检验，但它会作为知识储备存留在你的脑海中，以备你随时提取。

阅读是一个从质变到量变的过程，说起来挺诗意的，实践起来却是很艰难的。我们唯有坚持阅读、阅读再阅读，才会守得云开见月明。

大多数老师可能会有这样的困惑：想读书可拿到教育理论书籍，根本读不进去，觉得自己不适合学习，慢慢就没有了读书的热情。或者只读一些自己容易看懂的书，但对专业发展帮助却不大。

为什么会出现这样的现象呢？因为教师专业发展，需要阅读专业书籍，阅读的过程好比登山，不同的阶段需读不同种类的书。

到底读什么呢？推荐老师们读一下魏智渊老师的《教师阅读地图》，本书给我们指明了阅读的步骤：

（一）入门阅读：案例型书籍

案例型书籍呈现丰富的现象，往往是一线专家型教师活生生的教育教学实践。如班主任工作手记、名师课堂实录等。老师们可以从模仿入手，寻找自己的教育教学方式。

（二）浪漫时期阅读：经验型书籍

经验型书籍是优秀教师对于自身教育教学经验的总结。苏霍姆林斯基的《给教师的建议》是教师的首选。

李镇西老师的书中，多次提到苏霍姆林斯基和《给教师的建议》这本书。

（三）精确时期阅读：分析型书籍

分析型书籍往往包含一种或者几种武器并有精当的阐释，例如专门的教育学、心理学书籍，以及对学科核心知识进行清晰阐述的书籍。

魏智源老师强调指出：这类书需要精读，透彻把握其要义并通过反复运用掌握书中的基本理论，这是专业阅读的重中之重。

我在网师跟随郝晓东老师学习的《儿童的人格教育》《静悄悄的革命》《人是如何学习的》等应是这类书籍。

（四）精确时期与综合时期之间阅读：原理型书籍

原理型书籍是对某门学科基本原理的概括总结。如皮亚杰的《发生认识论》，杜威的《民主主义与教育》等属于此类。

（五）适合综合时期阅读：哲学型书籍

一切哲学都是教育学，任何学问，如果一直追根溯源，最终都会从哲学这里找到源头。因此最高层次的阅读，必然是哲学阅读。这是专业阅读的最高境界。

三、真正的阅读

真正的阅读是发自内心的自下而上的主动阅读，绝不是随波逐流，流行什么就读什么。也不仅仅是为了任务而阅读，真正的阅读需要拓展，需要从一读到三，读到万……

"知止而后有定，定而后能静……"一个人如果没有坚定的志向，不知道自己应该达到的境界，那他的生活将会是多么乏味。一个老师如果没有点精神追求，仅仅把目光盯住成绩分数不放，而置学生的人格成长于不顾，那他的工作将了然无趣。相反，一个人如果知道自己应该达到的境界，就能够坚定自己的志向，志向坚定了才能镇静不躁，而静能生慧。在这个物欲横流的世界里，谁能静下心来谁就是最终的赢家。

也谈"书能医愚"

西汉学者刘向说:"书犹药也,善读之可以医愚。"这句话有两层意思,一是说读书的作用,二是说读书的方法。咱们暂且抛开读书的方法不提,先来说说读书的作用——书能医愚。"书能医愚"原本是古人的经验之谈,我想说的是读书为什么能医愚。

教育教学中有一种很奇怪的现象,就是大部分学生会随着年龄的增长、年级的升高而感到学习越来越吃力、头脑越来越不灵活了,都会对知识变得越来越冷淡,越来越不愿意学习了。这是为什么?

看看学生的学习现状吧,孩子们永远有上不完的课、做不完的作业。我曾做过一些统计,除去孩子的在校时间8个小时之外,孩子的家庭作业如果是认真完成的话,可能大部分同学都完成不好。即使那些成绩优异的孩子也得需要3~4个小时,甚至更长的时间才能完成。孩子们为什么这么累?

当父母的望子成龙心态,恨不能孩子除去吃喝拉撒睡外全部用来学习;当老师为了追求教学成绩,恨不能让学生把所有的知识都掌握起来。在这个喧嚣浮躁的时代,老师为了追求升学率,家长为了让孩子考一个好学校,在功利目的的驱使下,家长、老师不谋而合,对孩子们痛下狠手、严加管教,就是希望孩子们学习,学习,再学习!除了学习,一切免谈。因为除了学习,一切都不重要。而我们大部分人根本就不知道什么是真正的学习,学习是如何发生的。

我想告诉人们:读书是最好的学习之一。

一、阅读能给学习提供丰富的智力背景

学生们之所以变得越来越笨、学得越来越累,是因为现在的这种学习已

经把学生们弄得精疲力竭了。学生们的全副精力都用在背诵、识记和保持上去了。其实在学生的学习内容中，只有一少部分关键性的基础原理、规则、定义等知识是需要背诵的。这个背诵也是在理解的基础之上。没有理解的死记硬背加上全力以赴的死记硬背，致使学生没有一点闲暇的时间去读一点"满足精神需要的书"，这样只会让学生越来越讨厌学习。

学习的一条重要规律，就是要想减轻学生的学习负担，就应当让他所阅读的东西，比要求他记住的东西至少多两倍。要求学生记住的东西越多，他所阅读的东西就得越多。为什么呢？杜威说，学习是对原有经验的改造。所谓的原有经验，就是原认知，即一个人的知识面。一个人的知识面（智力背景）越宽广，就越容易接受新知识。就像一个从来没上过学的大孩子，因为他有着比一般小孩子更多的生活经历，他的认知（智力背景）就比一般小学生多得多。在这种情况下，他学小学数学，就会比那些天天上数学的小学生接受得更快。

一个人的生活经历和他的阅读经历都可以构成自己的智力背景。而作为学生的生活经历都是相似的，在这种情况下，阅读就是扩大学生知识面的最好途径。比如，一个阅读过《苏东坡传》的同学，再来学习苏氏的文章，那就要容易得多。一个接触过有关人体构造书籍的学生，学起生物来，也不会觉得那么枯燥。也就是说，一个人学习知识的快慢、好坏和他自身的阅读面，也就是他的智力背景有着密切的关系，谁的阅读面广，谁的智力背景就越丰厚。

二、不阅读或缺少阅读能力的学生脑子会越来越笨

一旦学生不去大量阅读，学生就不会形成丰富的智力背景，就不能和新的知识对接，就很难理解新的知识。不理解新的知识，老师、家长就会着急，就会逼着学生死记硬背。而死记硬背的知识是学生机械地存储在大脑里的，它和原有的知识没有产生化学反应，只是一种孤立的存在，是不能运转的，是死的知识，学生是不会也不能加以利用的。长此以往，形成恶性循环，学生自然变得对学习越来越冷淡，我们自然感觉学生越来越笨了。

如果学生除了教科书（学校发的教材）什么都不读，那他就连教科书也读不好。如果学生的阅读范围（文学、历史、科学等）很宽，读得又多，那么他不仅能够学好正课，而且还会有剩余的时间去促进自己更全面地发展（体、

美、劳等）。

一旦不阅读，就难以形成阅读能力。所谓阅读能力是指学生对一句话扫一眼后（默读、浏览）就基本能明白这句话的大体意思，就是指在阅读的同时不耽误思考，在思考的同时不耽误阅读，边阅读边思考的能力。一个从小不爱阅读、没有过大量阅读实践的学生是不具备这种能力的。不具备这种阅读能力的人，不仅影响到自己的学习成绩，而且还会影响到自己大脑的发展。

从脑科学的角度来讲，人的脑子是由多个区域组成的复杂整体，各个区域相互联系又相互制约。在大脑的部分区域里是有专管阅读的，它们跟脑的最活跃和最具创造性的部分是密切相连的。如果管阅读的那个区域出了问题，那整个大脑的发展就会受到影响，而这种影响是过期后再也无法弥补的。

会阅读的人前途无量，不会阅读的人将会越来越笨。希望我们都能重视阅读。

在阅读中再造一个新我

连雨不知春去,一晴方觉夏深。在《整本书阅读》课程的引领下,我从春节的热闹中走出,到胜日寻芳,悄然间又来到了浓绿青翠、汪洋恣肆的夏日。任一地鸡毛、琐事缠身;任案牍劳形、丝竹乱耳;任世事喧嚣、霓虹影乱,我们都不曾停歇,也不曾抱怨。或在晨光微熹时朗朗而读,或在万籁俱寂时奋笔疾书,或在睡梦中依旧凝眉思索。一路走来,真是痛并欢乐着。

根据课程提示,盘点了一下自己买过的书目,有理论参考书:《阅读教学设计要诀》《女巫一定得死》。童话与神话:《绿野仙踪》《夏洛的网》《永远讲不完的故事》。成长小说:《特别的女生撒哈拉》。短篇小说集:《俗世奇人》。科幻作品:《海底两万里》《流浪地球》。古典小说:《西游记》。

买,确实买了,并且信心满满、踌躇满志地买了;读,确实也读了,并且读得痛快,读得酣畅。然而又不得不向现实低头,至今,科幻作品和古典小说还没有阅读,想来甚是惭愧。细思之,读得很是肤浅,不够知性。现就整本书阅读中的一些所思所得整理如下。

一、被故事所俘虏,成了看热闹的人

在读童话与神话书籍《永远讲不完的故事》时,也许是被作业提交时间所迫;也许是故事本身太过精彩,我用了四天的时间,几乎是一口气读完的。这期间,白天除去上课,作业未批,新课不备。晚上,用餐过后,也不和家人交流,就是为了省下时间,满足思想的"口舌之欲";也许是故事内涵太过丰富,自己的知识背景又太过单薄,读完之后,只是感觉若有所悟,却不曾醍醐灌顶。于是在作业中,我只是从阿特雷耀和巴斯蒂安的大体经历入手,分析出了"任何经历都是一种财富"这一感悟。以致老师给我所下的评语就是：文本解读没有深挖主题。对这一评语，我心服口服。不是对故事中的哲学思想没有觉察，而是朦朦胧胧，不甚清晰。本该在前面"整体感知"的阅读基础上，再做细致的梳理阅读，可终究是没有读下去。这不是遗憾，也不是无奈，而是一种任性，一种散漫。对此我只能说——惭愧！

我知道，于读书而言，这只是"读进去"，却还未曾"读出来"。真正的读书，必然要读进去，还要跳出来，去审视语言背后的东西。

二、站在语文的角度去阅读

语文学习，有一个学习对象，两个学习目标。一个学习对象就是语言运用的形式，包括词句运用的形式、篇章运用的形式、材料运用的形式和文体运用的形式。两个学习目标：一是认知目标，学习语言运用形式中体现的技巧和方法，提高语言运用的能力；二是情感目标，感受语言运用形式中蕴含的情感和思想，提升语言陶冶的品质。其中前者是核心目标、特有目标；后者是衍生目标、通用目标。两者有本质与非本质之分。单篇课文学习如此，整本书阅读也是如此。

我在阅读《俗世奇人》时，先是被传奇的故事、怪异的人物性格所吸引。读后的感觉用一个字来形容，就是，爽！妙！绝！用两个字来形容，就是，痛快！过瘾！带劲！真叫人想鼓掌、拍腿、击桌、呐喊。

带着这种感觉，我又进一步思考：作者是如何运用语言文字来传递这种感觉的？这就是一种从内容到形式（语言运用）的阅读方法，即从内容的理解中跳出来，不当围观的看客，而是要充当一个思考意识的审视者。

经过思考，我发现《俗世奇人》的"奇"，先奇在语言，奇在语言的新鲜、干净、利落、生动。读来令人口舌生香，满腹芬芳，真有大快朵颐之感。说"如饮甘露、如饮琼浆"之言，实不能表达其妙处万分之一，冯骥才真乃语言大师也！

现举几例，再作回味，以飨魂魄。

（一）嬉笑怒骂皆传神

在《刘道远活出殡》中，刘道远在听了徒弟金三的建议后，笑道："你这王八蛋还真灵,就这么办吧!"一句话,道出了师徒关系的融洽,道出了师傅对徒弟的赞赏,也尽显风趣;当刘道远看到,自己曾多次帮衬的邻居竟然来拆自己的墙脚时,他想"不能为这两个把事坏了。"一句话,道尽了内心的愤怒,读之,痛快,解恨。

(二)极尽渲染铺张之能事

先举几例:

(1)《皮大嘴》中,"可是,开金店的谁不想当头一号,彼此必有一争,于是八仙过海,各显其能;群英打擂,各出奇招。"

(2)《黄金指》中,"人家照样画山画水画叶画鸟画马画人画脸画眼画眉画樱桃小口一点点。"

(3)《四十八样》中,"更明白天津人说话的妙处——既幽默又厉害,既厉害又幽默。"

(4)《马二》中,"一走一站一笑一招手一呲牙,学谁像谁学谁是谁"。

像这样的例子不胜枚举,比比皆是。

这样的语言读之富有节奏,品之极有感染力,毫无啰唆拖沓之感。这既体现了冯骥才先生的心灵敏感力,又突出了他的思维力。我们一般人在运用语言表情达意时,一般也就是能表达清楚。而冯先生总是能信手拈来、滔滔不绝,并将思维向前推进一步,甚至几步,令人不得不叫绝。

(三)大量短语的使用

随便举一例,《神医王十二》中:"神在哪儿,就是你身上出了毛病,急病,急得要死要活,别人没法儿,他有法儿,而且那法可不是原先就有的,是他灵光一闪,急中生智,信手拈来,手到病除。"《黄莲圣母》中"庚子闹义和团时,天津大乱,入夜城门不关,灯火通明,人不谁觉,满街乱窜"……

像这样的短语,有三字的,四字的,五字的等等,不一而足,其中以四字短语居多。无论是几个字,绝不刻意为之。这种语言风格,类似说话,但又比说话高明许多。于作者来说,这全凭一种语感。读者读之,则如嚼冰块,嘎嘣脆响;如听快板,叮叮当当,极具快感,痛快淋漓。

(四)读者意识

众所周知,写作是运用语言文字进行表达和交流的一种方式,其中的表达和交流是融为一体、不可分割的。从交流的角度来讲，写作就绝不是自言自语各说各话，这里面就必定饱含着一种"读者意识"。所谓"读者意识"，就是写作者要考虑自身的表达能否让读者看明白。为了让读者看明白，作者有必要采取一定的措施或技巧。冯骥才先生在这方面为我们做了很好的范例。

《神医王十二》中："天津卫是码头。码头的地面疙疙瘩瘩可不好站，站上去，还得立得住，靠嘛呢——能耐？一般能耐也立不住，得看你有没有非常人所能的绝活。""神不神？神医吧。再一段更神。"

《张果老》中："怎么——不信？"这些句子中，设问句和破折号的使用，让人读来，似乎感觉作者就是在给人讲故事，一点也不像是在读文字。

《钓鸡》中："鸡怎么钓？我说您听——别急。"这句话，作者干脆挺身而出，直接和读者进行交流了。这样的文字，简直就是化静为动。读之，活灵活现啊。

通过整本书的阅读，我进一步体会到了，语文教学的重心应从内容的理解上走出来，在读懂文本的基本意思之后，主要任务是要弄明白文本的意思是如何随着语言的铺展表现出来的。阅读绝不应该纠缠于内容，而应从内容走向内容的呈现。

三、关于文本的深度解读

对于一篇文本，我们如何读深读透？除去要有"读进去，读出来"的阅读意识之外，更主要的是要有一定的文本解读能力。文本解读能力是一个语文教师核心能力之一。文本解读需要一定的方法，比如还原分析法、比较法以及审美体验法等。

我在阅读《夏洛的网》时，就是从审美的角度来阅读分析的。

所有故事里都包含着美。所谓美，实指不俗。不俗乃指超越现实的非功利。从美学理论上来说，就是实用价值和情感价值之间的错位，就是让情感超越实用，让感情突破现实。

（一）超越功利的人性美

从这一点来说，《夏洛的网》这一故事的开端就是极好的例子。一只瘦弱的落脚猪，在饮食上，是无法和它强壮的兄弟姊妹竞争的。正常来说，它不会活得太长久。从家庭利益，即从现实利益来说，除掉它，更有利于其他猪的成长，这符合利益最大化原则。但这只是功利的现实，毫无故事可讲，毫无美感可言。

就在这只猪性命攸关的危急关头，善良纯真的弗恩路见不平，用自己的爱心感动了父亲，成功地救下了这只落脚猪。

在弗恩的精心照料下，这只落脚猪得以健康成长。在它五个礼拜大的时候，它已经茁壮如常猪。按常理，及按现实来说，它也该被当作猪仔卖出去了。可弗恩割舍不下与它的感情，又再次救下了它。为了平衡家庭关系，最终把它卖给了朱克曼舅舅。这为小猪威尔伯入住谷仓，与蜘蛛夏洛及其他小动物相遇相处埋下了伏笔，推动了故事的情节发展。

弗恩两次出手救助威尔伯，都是在感情用事；另外，阿拉布尔夫妇对弗恩的妥协，也是以牺牲家庭利益为代价的。无论是怜悯心还是父母之爱，这一切都彰显了人性美。面对弱者，人不该有点怜悯之心吗？不该有点实际行动吗？

这是一个故事的美好开端，也是一个故事得以延续的前提。

（二）超越现实的友情美

自从威尔伯入住谷仓后，它就过上了衣食无忧的幸福生活。然而好景不长。有道是饱暖思淫欲，吃喝不愁的威尔伯感到了孤独和无聊，于是开始向往友谊，向往交往，希望有点精神生活。这个时候，夏洛出现了。应该说，夏洛通过观察，发现了威尔伯的与众不同，于是主动和威尔伯交起了朋友。后来，在威尔伯得知自己最终会遭受被屠宰的命运时，它悲号痛哭、惊慌失措。这时，夏洛为了朋友的安危，主动承担起了挽救它的使命。要知道，此时的夏洛还根本不知道如何拯救威尔伯，她自己心里一点儿谱也没有。她贸然承担了这一使命，是不合理的，但朋友之情就体现在这里。为朋友赴汤蹈火、两肋插刀也在所不惜。接下来，夏洛为了履行自己的诺言，绞尽脑汁、耗尽心神，最终成功地完成了自己的使命，也改变了威尔伯的悲惨命运。

这便是超越现实的友情之美。

这样的解读只是角度新颖了一些，似乎跟"深入"还挂不上边。要想把文本读深读透，除去运用一定的方法技巧外，更关键的是要有扎实丰富的人文背景知识，更准确一点说，是要有一定的哲学观念。因为所有的经典文本最终指向的都是人类的终极思考,即哲学问题。这是任何方法技巧都无法取代的,这是文心所在。我们唯有沉潜在经典文本中多思多虑,将阅读指向哲学类书籍,方能挖掘到文本中的宝藏。

真是"自家谩诩便便腹,开卷方知未读书。"我愿将阅读进行到底,在阅读中再造一个新我。

行走在成长的路上

——《第56号教室的奇迹》观后启迪

读完了《第56号教室的奇迹》一书，我简直被第56号教室的缔造者——雷夫震撼了。这到底是一个怎样的老师啊？他只不过是一所小学的一个普通的数学老师兼班主任而已，可他所做的工作远远超出了他的职责范围，从阅读到写作，从科学到艺术，从体育到经济，从历史到美术，从地理到旅游，从电影到摇滚，从自然到莎剧……无不是从孩子的终身教育出发，无不是从人格品行入手，而这一切跟一个普通的数学老师又有何干？可他硬是担起了这份责任，这需要怎样的勇气？又需要何等的才华？

一直以来，总觉得自己是一个有良知的老师，总觉得自己有很强的责任心，可与雷夫比起来，我什么都算不上，简直是不可相提并论了。面对雷夫这样的汪洋大海，也许我连一条小溪也算不上，可我不想望洋兴叹，我想，我该从雷夫身上学点什么了。

学什么呢？学他的大胆开拓、勇于创新，学他的坚强乐观、永不言弃，学他的心系天下、济世情怀……从他身上要学的实在是太多太多。一口吃不成一个胖子，我就慢慢学吧，且学且实践，且学且消化。

作为一个语文教师兼班主任，我要学习他培养孩子终身阅读的意识，我要学习他关于"人格品行才是教育本质"的理念。而这两者又是密不可分的，我想我也应该排除万难，让自己的一些奇思妙想落地生根。真正的教育就是要敢于实践，敢于挑战自我，敢于挑战传统。

一、创设一间真正属于自己的教室

在现实的教育教学中，一个班级的学生不确定，一个班级的班主任老师也不确定，班级学生会一年一调整，班主任老师也会一年一换。领导干部也是你方唱罢我登场，你有你的经验，我有我的绝招。老师们也许早就麻木了，任人摆布，叫我干什么我就干什么，虽然干不好，但我也不闲着。如此教育，行尸走肉罢了。我想，既然我选择了做班主任，又想把它做好，一直做下去，为什么不创设一间真正属于自己的教室呢？我就是这间教室的班主任，不管你学生怎么调，领导怎么换，我的地盘我做主。我会在这间教室里大搞文教建设，我会购置对教学真正有用又可以循环使用的教具，我会把自己的个性和特色深深地烙进这间教室里，我会把教室建成一个真正的教学之家，我还会为自己的这个家做很多很多……假如每个班主任都拥有一间这样的教室，那班级管理会不会是百花齐放、异彩纷呈呢？

二、关于多样化阅读——读无字之书的想法

（一）让学生爱上电影

看电影也是一种阅读。关于优秀电影的教育意义这是众所周知的吧，可在实际教学中又有谁肯去落实呢？耗时费力又难以落实，可你看看雷夫是如何利用电影这个教育利器的？世上无难事，只要肯攀登！平时我们老师家长为了孩子看电视玩电脑虽然三令五申，甚至大发雷霆，断电断网，严禁看电视玩电脑，可收效甚微。实际上，孩子们用在电脑电视上的时间实在是太多了，你看孩子们看起电视玩起电脑来，眼睛都直了，魂都被勾走了，你喊他叫他都听不见，你拥拥他都不觉察，看呆了，入境了。可见电视电脑有着何等魔力。非是孩子定力不够，实在是电玩太"狡猾"，这是一个空虚的时代，这是一个娱乐的时代。我们不引导好孩子，孩子就极易误入歧途。

摆在我们面前的一个现实问题是：孩子的课余时间怎么打发？并不是所有的孩子都会乖乖地完成作业，他们大都禁不住电玩的诱惑，既然他们都爱看电视玩电脑，我们就顺应民意好了，但看什么得我们做老师的去指导家长引导孩子。我们就让他看经典的具有教育意义的电影。每周看两部，都用U盘拷在

电脑上，可以分组看，因为有的孩子家里没有电脑。看前老师做指导，看后孩子们要讨论，要写感想写评论。这样一来，让看电影占据一点孩子玩电玩的时间，每个周末你都看两个来小时的电影，你还去看电视玩游戏吗？你的作业到底还能不能完成？当然，具体落实的时候，我还要出一个方案。

（二）让学生爱上评书

常记得我们小时候，没有电视更没有电脑，但我们有收音机。收音机里的杨家将、岳飞传、三侠五义等优秀评书就是我们的精神食粮。每一天我们都期待着"下回分解"，有时候老师去开会，教室里闹翻了天，可评书一播，嘿！教室里那个静就甭提了，它比老师的喊叫和怒火管用多了。浸润在这些优秀的评书里，我们学会了仁义礼智，学会了侠肝义胆，当然，有心的同学也学会了一些写作的方法。

想想我们的获益，何不引导孩子去听听评书呢？这总比看那些滥情的电视剧，玩那些暴力的游戏好得多吧？关键是这能占据学生的课余时间。不怕学生不听，就怕你不会引导。只要你用心就能让学生受益。

三、关于带学生旅行的一点设想

这原本是一个信息爆炸的时代，网络媒体、报纸杂志每天都要塞给人们大量的信息。可我们可怜的学生们却生活在一个狭隘的天地里，他们的时间都被大量的家庭作业侵吞了，或者被电视电玩迷惑了，他们根本分不出时间去关注这个摇曳多姿的世界，甚至连自己的思考也迷失了。面对这种现状，我们不该为学生们做点什么吗？

还记得早在2005年的时候，我就雇用了三辆面包车，组织了二十来个学生去滨州逛书店、游公园。去年和前年，在我所带的班级和年级组中，我带头组织了两次野营拉练活动。我陪学生一块儿远足跋涉，陪学生一块儿风餐露宿。想想当时的这些活动可把领导吓得不轻，可至今我都不后悔，因为学生从旅游中获得了一些终身受益的东西，他们开阔了视野，学会了独立，这些东西应该是比单纯的文化知识更重要。

我们的学生，尤其是农村的学生，他们太需要开阔视野、拥抱社会了。大多数学生从小学到初中阶段，从没有旅游过，甚至没有出过乡镇。在我们平原地区，交通这么发达，我们真该给孩子创造点旅游机会。美国孩子的旅游已纳入课程规划，我国也该意识到旅行的好处才行。雷夫说："这些旅行让孩子们有机会接触到更广大的世界，同时发掘自身最好的部分。"他还说："我要学生把旅行当作这辈子常做的事。"我也应该把学生的旅行当成是一个教育契机。

我们滨州地处平原，交通发达，但要山有山，要海有海，还有流淌了几千年不知疲倦的黄河也在我们地区流过，其余的景观如：魏氏庄园、孙子兵法城、秦皇台风景区等。因为受条件所限，我们很难带领学生跨市跨省旅行，但我们可以就近把我们本地区的景点游历一番。我的基本想法是让孩子一定要见见山、观观海、看看河，让孩子感受一下山的巍峨、海的辽阔、河的绵长。让孩子一定要逛逛书店，去感知一下，其实这个社会上读书的人也不少。

我知道组织一次旅游是相当复杂麻烦的，但为了孩子们，我愿历尽千险，我愿排除万难。

四、关于体育锻炼的一点想法

现在的学生身体素质太差了，这是我们有目共睹的，虽不说他们弱不禁风，但手不能提肩不能挑，这是事实吧；课间跑步，不到200米的跑道，两圈下来就气喘吁吁、溃不成军，这也是事实吧；天气一变，头疼感冒现象层出不穷，孩子们动辄吃药打点滴，这也是事实吧。面对这种情况，我们的国家才提出了"阳光运动一小时"的实施方案，可谁愿意去真正实施呢？唯恐耽误了孩子们的学习，这是多么愚蠢的想法啊。别忘了雷夫说的一句话："专注于赢得竞赛让我未能把具有真实、永恒价值的课程教给孩子们。"

体育运动不仅能给孩子一个健康的身体，有科学研究表明：体育锻炼对促进脑的生长发育，改善大脑的功能有着积极作用，经常参加锻炼的人，大脑神经的反应速度较快，大脑皮层的分析和综合能力较强。体育运动耗氧量大，经常参加体育运动，可以增加血液中输送氧气的血红蛋白和红血球的含量，使大脑获得更多的氧气。因此，经常参加体育锻炼，可以促进大脑的发育和改善大脑的功能，为学生的文化学习创制良好的生理条件。

体育运动的意义重大，我们不该积极倡导吗？我想暑假后，我再带班时，我会把每天的最后一节课都调成我的班，周一是班会，周二是大扫除，周三到周五的最后一节再调成我的语文课或体育课就行了。这样我就有控制权了，我就可以带着孩子们至少锻炼上30分钟，剩余15分钟班会也能开，卫生也能打扫完，即使牺牲一点课堂时间让孩子去锻炼身体也是值得的。

有人说我，你的想法太理想化了，在现实中不好实现。我想，没有理想的教育不就是一潭死水吗，没有理想，哪来的进步成长？哪来的突破转变？

山一程，水一程，身向理想那畔行，夜深摇曳一盏灯。

风一更，雪一更，聒碎初心黄粱空，初心不移梦又生。

读《教师阅读地图》有感

——大道在脚下，阔步向前行

从6月14日到6月23日上午，终于读完了魏智渊老师的《教师阅读地图》。合上书本的那一刻，我是感慨万千。自己原有的那些教育成就感被冲击得荡然无存。我知道，我和这本书来了一场"遭遇"。它带给我的震撼远远高于前几天的"太原新教育培训会"。

对于一个饥渴的人来说，"饥不择食"是一种无奈的选择。对于一个渴求专业发展的人来说也是如此。过去的我总认为自己还算是一个读书人，一年也能读七八本书。先不说数量怎样，但就读的书来说，大多是仅凭自己的喜好，任性而为。虽然我有意识地不让自己陷入消遣性阅读中，但所选择的书籍以文学文化类为主，即使做了一些读书笔记，有点知性阅读的影子，但离真正的知性阅读还相去甚远。更重要的是，所选择的这些书籍，没有真正解决我在教育教学上所遇到的困惑。即使也选择了一些专业性的书籍，比如苏霍姆林斯基的《给教师的建议》，孙绍振的《文学基础解读》，王荣生的《语文课程与教学内容》以及个别名师的课堂教学，但因缺少深入阅读，所选书籍的阅读梯度也有失偏颇，没有由浅入深的专业发展阶梯，也没有在相关领域与其他书籍参读，以丰富或修正自己的知识结构。在读这些书的过程中还有点感觉，知道是一本好书。但读完后，总觉得又都成了过眼云烟，没有激发出自己心灵的共鸣，也没有因此而引起教学行为的多大变化。倒是让自己徒增了不少烦恼，明明知道自己的教育教学行为存有不少问题，可就是改变不了。那种揣着明白做糊涂事的感觉，真是令人尴尬啊。感觉枉为读书人，枉为教师二十余载。

比起普通人，阅读力、学习力我还是有点的。我的主要问题在于如何选书、如何读书上，也就是读什么、怎么读的问题。而面对这些问题，《教师阅读地图》都会给我们一一指点迷津。

面对魏智渊老师列出的一系列书单，你的感觉是什么？反正我是欣喜若狂的，如同发现了宝藏一般。对于一个走了不少弯路、迷茫无措而又渴求知识的人来说确实如此，还有什么能比发现知识的宝藏更令人兴奋的？宝藏有了，如何发掘是关键。就像魏老师所说的："这个宝藏，无八年抗战式的漫长阅读，寂寞阅读，只怕最终如人无手，入宝山一遭而空回。"我扪心自问："你有这个胆量吗？你有这个勇气吗？你有这份毅力吗？"我不想发下什么宏伟誓言，我只想用过去虽然误读多年却也养成了的学习力来证明自己。

接下来，我想把更多的精力投入知识的发掘——读书中去，以读为主，以写为辅。暑假，一般不会有真正意义上的教育教学实践，倒不如潜下心来多读点书，掀起一次阅读高潮。再者，和魏老师相比，总觉得自己的教育教学思想是那么肤浅，写出来的东西"也多半是教育言情小说与散文"，现在想来很是无聊。其实，我们绝大多数老师的问题就是"没有能够把学生的兴趣、全部生命导引到知识的魅力中"。这又是老师的浅薄和无能所致。所以我们的主要精力还是放到读书学习中去。我将以这个暑假为起点，和阅读来一场恋爱，来一场马拉松式的恋爱，来一场至死不渝的恋爱。

基于以上的诸多反思，当下，我最需要读什么？我觉得还是以阅读本体性知识为主，同时辅以专业知识和人类基本知识。所以暂定暑假阅读书目如下：

本体性知识，和文本解读有关的书：《唐诗宋词十七讲》《古老的回声》《名作细读》。

专业知识：《孩子们，你们好》。

人类基本知识：《大学人文读本》。

接下来，就是下单订书了！

读《不跪着教书》遐思

再读吴非老师的《不跪着教书》，一股浩然之气油然而起。这不是"人生在世不称意，明朝散发弄扁舟"的任性与冲动，而是"吾不为五斗米而折腰"的铮铮傲骨。"不跪着教书"意味着不做教书机器，意味着有自己的思想，更意味着一种勇敢与担当。这绝非蝇营狗苟者所能为，唯有"虽千万人吾往矣"的侠者才可为。

在功利至上、分数至上的教育环境里，读读"吴非"，能让人心存良善，能让人思想坚定，能让人勇往直前。

做一个善良的人

今日读吴非老师的《善良的心是一盏灯》《人，不能和野兽一样》，两篇文章都是讲要及早培养孩子们的仁爱之心、恻隐之心——善良的心。谁来培养？抛开社会、家庭因素不谈，作为老师，培养孩子们善良的感情，这是一种责任，更是一种良知。为何要及早？性本善，性本恶，这是自古以来争论不休且永无休止的争论。其实，人是善恶杂陈的复合体。每个人的内心深处都有一个恶魔，也都有一个天使。未来的你成为什么样的人，就看你吃什么样的精神食粮。我们用仁爱、正义喂养出来的孩子，怎么会不善良？

善良的故事，善良的老师，传递了善良，唤醒了善良，也激发起了我们培养善良的思想。这就是阅读的力量。

市侩的诞生

读吴非老师的文章，总给人一种酣畅淋漓、大快人心之感。因为他的文章是对黑暗的揭露，是对丑恶的批判，是对假大空的嘲笑。读他的文章也总能给人以奋进的力量，给人以光明的指引。

人生一世实在不易，读书人尤其如此。没有人自甘堕落，没有人承认自己是个坏人，我们都曾善良过，或者我们都曾想过善良，可是……有的人堕落了，有的人却仍在振翅高飞。

每每读到惊世之文，你会良心发现，你会幡然悔悟。当你意识到自己仍在匍匐爬行，仍在随波逐流，仍在浑浑噩噩，你会觉得自己像个小丑一样，实在滑稽可笑，实在令人不齿。于是你也想像一个斗士一样奋起抗争，可是你很快发现，在现实的铜墙铁壁面前，你的抗争是那样的软弱无力，你被弄得灰头土脸，灰心丧气。于是你开始摇头开始叹气开始妥协，于是你开始堕落开始从众开始媚俗，接着你尝到了甜头，得到了"快乐"，最终，一个市侩诞生了！

一个真正对事业有情怀的人，又怎能在意当下的名利得失？又怎能不择手段地苟且偷生？

你只管振翅高飞，莫管它天高地厚宇宙之无穷！

人有悲欢离合，月有阴晴圆缺。此事古难全！人生不如意之事十之八九。面对现实中的残缺，我们可以横眉冷对，可以嗤之以鼻，抑或叹息摇头，抑或悲愤呐喊。但绝不可就此同化、随波逐流。我们还得直面现实、奋起抗争。最好的抗争就是躬自厚而薄责于人，我们无力改变现实，也无力改变别人，但我们可以保持清醒，逆流而上，争取不被改变。最好的抗争就是用实际行动践行人的教育，或歌或舞，诗意人生。

一个老师用自己的爱唤醒了学生的爱，并让爱循环往复，这就是最好的行动，这就是人的教育。

论浅薄

有道是："浅薄月季频出镜，纯情芦荟慎开花。"所谓浅薄，乃指自以为是、妄自尊大，是被浮云遮望的眼睛，是侧畔的沉舟。浅薄者，不以发展的眼光看问题，不知人外有人，天外有天。这是一种浅层次的认知，完全以感官认知或经验为真理。

人可以浅薄，但不可以不自知。否则就会故步自封、亦步亦趋，最终害人害己。破除浅薄，必以谦逊的态度为基础，树立终身学习的意识。

在日新月异的现代社会里，教师，尤其如此。否则拿什么去照亮别人？

一点浩然气

"云山苍苍，江水泱泱，先生之风，山高水长。"就是对程千帆教授的最好评价。

面对学术腐败、教育腐败，独善其身者能有几人？面对分数至上、领导至上，清醒者又能有几人？面对名利、金钱，目不斜视者又能有几人？

当你自身实力还不够强大的时候，当你的情怀还不够宽广的时候，当你的信念还不够坚定的时候，我们似乎总有妥协堕落的理由：人在江湖，身不由己啊。这也许还是一种带有良知的愧疚。最可恨的是打着爱的旗号摧残了人性而不自知。

面对现实，当你彷徨迷茫时，多读点书吧，向不跪着教书的硬汉吴非学习，向敢于和领导"冲撞"的李镇西学习，向视名利如粪土的程千帆学习……他们都是中国教育界的脊梁，是真正的"富贵不能淫，贫贱不能移，威武不能屈"的大丈夫。

读读他们，你就会浩然之气灌于胸，目光炯炯望远方！

悟

今日读吴非老师的《通过封锁线》,他说,语文教学的两个主要任务,一是在培养学生语文素养的同时给他一粒人文精神的种子,二是设法帮助学生考出一个好成绩。让我进一步意识到生活中不仅有诗和远方,更有眼前的苟且,这是谁都无法绕过的一道坎。这就是说,我们不仅要仰望星空,还要脚踏实地。只仰望星空不脚踏实地,会被现实打脸;只苟且偷生,不做有用之事,到头来就会成为无用之人。

我乃狂狷之人,平时疾恶如仇,最看不惯那些不平之事。加之近年来读了几本书,自以为真理在握,找到了教育规律,于是仰头望天,脚下蹈之舞之。可怎奈,现实之路崎岖坎坷,于是经常跌跌撞撞、灰头土脸。其实这是一种无知,这是一种学思分离,典型的书呆子而已。

想到这里,竟有一种恍然大悟之感。今日元宵节,屋外四面鞭炮声涌起,烟花四射,好一派良辰美景。明日开学,又将踏上新的征程,我该何去何从?我心寂然。

什么是模范

现实中不乏一些这样的模范事迹:为了事业可以抛弃一切,牺牲一切。何以如此决绝?不外乎两种情况,一是瞪着眼说瞎话,腹黑皮厚的无耻之徒。二是利欲熏心,无所不用其极的沽名钓誉之辈。乍一听,似乎是笑谈。但林子大了什么鸟都有,而且在现实中,像这样的鸟大有成群结队之势。

最初几年评选最美教师,我一不小心被投票选中了。当时内心真是惶惶然戚戚然,总觉得自己不配这个称号。我在写最美材料时写道:"我没有见义勇为的英雄之举,也没有拾金不昧的高尚行为,我还年轻,身体倍棒,更没有带病坚持工作的感人事迹,有的只是踏踏实实的工作,一个日子又一个日子的教书育人……"

最近几年的最美评选似乎也变了味,不再靠口碑靠德行,而是看谁的证书最多，谁的教学成绩最突出。实在分不出高下，抓阄儿定去留，愿者服输。

也许在大部分人眼里都觉得自己最美。凭什么他最美？他是天天上课，我也是天天上课；他是天天批改作业，我也是天天批改作业；他是天天备课，我也是天天备课。教师的工作无非如此，乍一看，真是优劣难分。其实，每个人都是一团火，可路过的人看到的只是烟。

什么是最美？什么是模范？在我眼里，模范教师的工作如春日之苗，不见其长，却日有所增。普通教师的工作如磨刀之石，不见其损，日有所亏；模范教师的工作是创造发明，通往新大陆。普通教师的工作是复制搬运，走向死胡同；在前者的课堂里，学生如沐春风、如饮甘泉，心灵舒畅；在后者的课堂里，学生如坐针毡、如临深渊，痛苦不堪。

优秀与平庸者，何以有此天壤之别？情怀不同见识不同使然。

赤子之心照千古

——《唐宋词十七讲》读后感

一、无边魔力，如醉如痴

从读完《唐宋词十七讲》的第一讲——温庭筠（上）的那一刻起，我就被这本书深深地吸引了，真是难以掩卷，欲罢不能。即使强掩其卷，我的心仍旧驻留其间，不能自拔。本来是想来一次彻底的知性阅读，边读边做摘抄的。可我经不起叶先生的诱惑，也按捺不住那颗挖掘知识宝藏的激动的心。于是索性一口气读下去，只是在读的过程中做了很多圈点勾画和少量批注，至于摘抄已无暇顾及了，我怕那样会妨碍我的阅读。一口气读完的感觉，真是如饮甘露，如品佳肴，通体畅快，回味无穷。

叶嘉莹，一个陌生而又熟悉的人。说她陌生，是因为我的孤陋寡闻、不学无术，以前从未闻听此人；说她熟悉，是因为读其书，便能感知其人。听她徐徐道来，如剥笋抽丝般，把一首首常人只知其好不知其妙的小词讲析得烂漫如花，把小词里那种美好的感情、深远的意境，连带作者的人格情操都一一淋漓尽致地展现在我们的面前，这才是令人流连忘返、难以自拔的知识魅力。这到底是何许人也，竟有如此见识如此才思。恍惚间，宛如一仙女飘然而至，又如易安临世。敢问哪个书生不爱美，真想大喊一声："叶嘉莹，我爱你！"

孔子讲学，令众弟子莫不叹服。颜渊曾喟然叹曰："仰之弥高，钻之弥坚，瞻之在前，忽焉在后。夫子循循然善诱人，博我以文，约我以礼，欲罢不能。既竭吾才，如有所立卓尔。虽欲从之，末由也已。"

今读叶嘉莹（号迦陵）大作，感觉亦如此。

从来没有这样一本书能令我魂牵梦绕、心心念念，可《唐宋词十七讲》就有这样的魔力。日里读它，夜里读它，散步时想它，睡觉时念它。以至于妻子都对我产生了怀疑："你最近好像有心事啊！"

二、赤子之心，照耀千古

叶先生一生大部分时间都漂泊在异域海外，但她始终不忘故园。1974年，当她终于有机会重回祖国大陆时，她一口气写了一首长诗《祖国行》："卅年离家几万里，思乡情在无时已，一朝天外赋归来，眼流涕泪心狂喜……"那种对于故土的眷恋之情喷薄而出。与祖国取得联系后，1978年叶先生主动要求回国讲学。唐宋词系列讲座是叶先生于1987年开讲的，而那时她已年逾花甲，却仍然不辞辛劳，往返于祖国各地，为弘扬祖国优秀文化而奔波。如此赤子之心实乃感人。

读书论世，乃"仁者见仁，智者见智"之事。正因为叶先生有如此拳拳赤子心，她才发掘出了古人的赤子之心，复活了诗歌中本身所带的生生不已的千百年仍使我们感动的生命。于是，那些伟大的生命一个个向我们盎然走来。

那个在俗世人眼中"能逐弦吹之音，为侧艳之词""薄于行，无检幅"的温庭筠。叶先生借张惠言的词评，让我们理解到了他的屈子意、离骚情。她自己也读出了温庭筠的精力饱满、神采飞扬。

那个老于他乡的洛阳才子——韦庄，他说"陌上谁家少年足风流，妾拟将身嫁与、一生休"，多么深切真挚的语言，他向我们传递了屈原的"亦余心之所善兮，虽九死其犹未悔"的情意，以及儒家"择善而固"的精神。

那个天生命中注定就是悲剧命运的冯延巳，他说"日日花前常病酒，不辞镜里朱颜瘦。"他还说"梅落繁枝千万片，犹自多情，学雪随风转。"一个"不辞"，一个"犹自"，莫不彰显了他在迷茫困顿之中的执着与坚守。

就连那个"生于深宫之中，长于妇人之手的"南唐后主李煜，就在他抒发自己国破家亡的痛苦时，凭吊他那敏锐的深挚的感情和心灵时，却不小心道出了古今所有人类的共同感慨和悲哀。也难怪王国维说他有释迦、基督担荷人类罪恶的意思，谁叫他是一个天生的词人呢？

再说那个曾经的天才少年晏殊。他说："无可奈何花落去，似曾相识燕归来。"他还说:"满目山河空念远,落花风雨更伤春。不如怜取眼前人。"他总是在淡淡的忧愁感伤之中留有一份理智,一份思索,他从不沉溺于悲哀之中,他总是能撕破黑暗发现光明。不得不说,这是一种圆融观照,一种人生智慧。人生苦短,何必为那些我们不能左右的事而劳苦伤神,我们真正要做的就是眼前所能够努力的事情啊。

那个六一居士老顽童欧阳修,在他经历了政海波澜、人生忧患以后,晚年写下的十首《采桑子》,无不流露出一种遣玩的意兴,这正是透过悲慨笑对人生啊。

至于那个在宦海沉浮中九死一生的苏东坡,他可以写他旷逸的胸襟:"人生如梦,一樽还酹江月。"也可以写他幽微的情怀:"谁似老东坡,白首忘记。"真是欲豪则豪,欲婉则婉。但,不管豪也罢,婉也罢,他的本质从不改变,那就是"云散月明谁点缀?天容海色本澄清。"这是一种在历经劫难后,对自己内心的坚守与执着,对国对民的忠义忠爱,更是一种无待于外而有待于内的修养。

但就词人而论,最令人佩服的还是那个英雄词人辛弃疾啊。且看他的词"举头西北浮云,倚天万里须长剑。"那是他收复故土的感情在激荡,那是忠义奋发的壮志。再看他的作为,在滁州面对荒凉贫瘠的土地,流离失所的人民,他减免赋税,休养生息;在江西,他平"寇乱"上奏疏。还购买粮食救济灾民;在湖南,为收复失地,他组织"飞虎军",押下皇帝的金牌,造完飞虎营。可见他的诗歌是用生命写就的,用于生活实践的。他才是中国有理想的才志之士。

不说了,不说了。我相信叶先生,凡是她推荐给我们的诗词都是经典中的经典,凡是经她解读的诗词,里面都有一个光明俊伟的人物,这些人都有一颗光辉皎洁的赤子之心。

三、无待于外,有待于内

7月6日夜,读《唐宋词十七讲》,兴味盎然雨至不觉。良久,腰酸目涩,起身小憩,踱至窗前,方知窗外雨酣。意兴顿发,咟诗数句:

潇潇夜雨万籁寂，

一番诗意心头起。

叹柳永一生志向都成痴，

空把才情付怀思。

赞东坡宦海沉浮心不蔽，

豪情逸兴化作词。

天行健，君子以自强而不息，

莫学后主无节制，

徒唱"春花秋月何时了"，

最终成为他人案上羹。

　　单从词人的角度讲，李煜、柳永和欧阳修、苏轼，他们都是历史上很成功的词人。从表面看，他们四人在政治上都是失意不得志的。而也恰恰是他们在政治上的失意，才使他们在文学的世界里一路上扬，才使他们走向了边缘，走向了自己，走向了心灵，才创作出那么多佳作。

　　你看李煜的词就知道，他亡国前后所创作的词境界完全是不可同日而语的。柳永也是如此，年轻时，纸醉金迷、声色犬马，所创作的词大多是爱情上的相思怀念，比较浅俗。即使很好，也是以才气取胜，我们都知道他是音乐天才。就在他科举不第时，他还那么狂放不羁，口出浪言：才子佳人，自是白衣卿相；青春都一晌，忍把浮名，换了浅斟低唱。他词风的转变，也是在他考取功名后，因职务低下，不得不四处奔波，品尝了生活的艰辛之后，把才人志士失意的悲伤跟相思离别的感情糅合在一起，才开阔了他词作的意境。苏轼作词是以余力为之，他原先的全部精力都投注到儒家治世的理想上去了。他也是在政治上失意以后，才以闲情闲笔来写小词的。欧阳修在政海中也是几经沉浮的。

　　虽然说，政治上的失意在一定程度上提升了他们四人的作品质量，也造就了他们词作的伟大，但他们的风格却各不相同。李煜和柳永的词作总是笼罩着一层挥之不去、无法排遣的忧伤与哀愁。欧苏二人的作品，更多的是流露出一种乐观与旷达。而且从他们的一生来看，欧苏二人可要比李柳二人潇洒多了，他们都是集道德、文化、事业于一身的大成者。而李煜的最后下场却是国破家亡，被赐毒而死。柳永一生落魄，死时竟无钱下葬。这二人的下场都如此凄惨,令人扼腕。

可细想来,他们四人这不同的风格,不同的结局,也许是所处位置不同,也许是时代环境相异。但更多的应该是性格不同,观念的不同,说白了是人生观的不同。是的,苦难在一定程度上能磨炼人的意志,能造就伟大。但苦难绝不是造就伟大的必要条件。伟大是自己的内心造就的。

柳永在年老后发出了一声长叹:"归云一去无踪迹,何处是前期?"李煜和柳永都是失败的一生,他们完全落空了,因为他们的内心全是向外追求的。政治上的得失就是他们的全部,我得不到高官厚禄,我的故土丢失了,我就什么也没有了。他们是被苦难打败的人。而欧苏二人,他们所追求的是一个可以无待于外的完成,他们是向内追求的,追求内心的完美与坚强。在艰难困苦面前,他们从不逃避,从不委曲求全,依然保持积极的生活志趣,这是一种自我完成。他们是战胜挫折战胜自我的人。

四、民吾同胞,物吾与也

"词之为体,要眇宜修。"它所表现的内容情调比较委婉曲折,韵味悠长。无论解词还是作词,非有一定功力方可。所谓"仁者见仁,智者见智"。凡是伟大的诗人必有伟大的爱心,所谓"民吾同胞,物吾与也"。

先说解词之道。中国人解词方式无外乎就是"比兴"。因为这是人类的基本意识活动,就是人的意识跟外界接触时的基本反应,或者是从心到物,或者是从物到心。诗歌是唯美感性的,它所传递给读者的,不只是理性上的认知,还有感性上的直觉。要想解读一首词,就得根据词的性质,或者说根据词风,具体问题具体分析。

第一种就是以张惠言为代表的符码解读法,符码就是作者所使用的语言材料,每一个词汇都是一个符码,每一个符码都有不同的含义。这种方式只适合于温庭筠那一类从语码来联想的词作。结合西方的语言学和符号学来解释,就是从语言联想轴入手,让每一个符码都能引起联想,因为作者所使用的某些语汇,与中国文化传统的背景有暗合之处。比如,一看到"峨眉"就想到了屈原,因为屈原的《离骚》里用到了峨眉,再根据《离骚》的思想,就联想到了忠君爱国之意。

第二种面对像王沂孙这类特别有隐语性质的咏物诗词，就是那些"思笔可谓双绝"的作品，你不能用直觉的感受，也不能简单地只用一个语码联想了。你要从他整个的结构安排，从他的语言文字，与他所写物的结构，并透过他所写的物与他的托意的关系层层深入想下去。也就是，我们得结合他用"思"与用"笔"的路线去欣赏。

第三种是以王国维为代表的"兴"的方式。就是不假借语码典故，而是凭借语言材料的本质与材质传达出来的一种感发的力量。这完全是依靠读者的心灵想象，是一种比较自由的联想。比如，王国维在欣赏南唐中主李璟的"菡萏香销翠叶残，西风愁起绿波间"时，就有了"众芳污秽，美人迟暮"的感慨。大部分诗歌赏析需要这种"兴"的方式。

其实，这三种方法仅仅是解词之术，真正的解词之道还是得凭借知识的魅力。你看叶先生在解词时，从屈原、杜甫、陈子昂到范仲淹，用忠义之士解赤子之心；从陈惠言、王国维到索绪尔，按图索骥妙解词；从孔子、老庄到陶渊明，莫不引以为佐。那种举重若轻、旁征博引、信手拈来的从容气度，靠的就是她渊博的知识和深厚的修养。

再说作词之道。王国维在《人间词话》中曾说：诗歌的写作要"能感之"，而且"能写之"。只有"能感之"，要"情动于中而形于言"，你才有倾诉的欲望。我也常说，真情比才情更重要。其实，当人的意识与外界事物接触时，人人都有一份感受，正所谓："气之动物，物之感人，故摇荡性情，行诸舞咏。"只是感受生命的大小、厚薄不同，于是所写作品传达出来的感发力量也就有深有浅了。要想有厚重的感发，就必须热爱生活，让自己拥有一个活泼的心灵。要对国家对社会对人类万物有一种关心和同情，要有悲天悯人的大情怀，能做到"民吾同胞，物吾与也"才行。像杜甫一样能关心人民的疾苦，像辛弃疾一样把一山一竹一鸟都当作朋友。

另外，能感之，还不仅仅是对这种人事物的感受能力，还包括对语言文字的敏锐感受能力。因为，作为一个诗人更重要的是要你的语言文字带有形象化，能发挥出诗人直接感动的力量。

"能感之"是一个诗人的基本特质，这不是能培养出来的。因为诗人的这种特质是和他的性格特征、生活经历、时代背景息息相关的。"能感之"就是天才那百分之一的灵感，这是一种天赋，不是强求来的。

你"能感之"，有灵感，有天赋，就一定能成为诗人吗？未必！方仲永，五岁时便能指物作诗立就，且文理皆有可观，不可不谓天才，但他后来不学无术，最终落得"泯然众人矣"。也就是说，要想成为诗人写出佳作，在"能感之"的基础之上，还得"能写之"。我认为能写之比能感之要容易一点，因为你只要肯付出百分之九十九的汗水——多读书，即使常人也能写点小文了。

再看看古今中外的这些大作家，哪个不是十年寒窗，饱读诗书。词人善用典故，善于从万千词汇中选取最有特质的词汇来传达自己的感情。这些典故，那些万千词汇从哪里来？还不是从诗书中来吗？

五、讲授诗词，以终为始

有种学习方式叫输出式学习，这是以终为始的学习，这种学习方式包括讨论交流、实践、传授给他人。这是我从孙影老师的报告中学到的。

我想，我在写这些文字的时候就是一种讨论交流，只不过是和自己内心的讨论交流。虽然有点肤浅，却大有益处。一本书读完之后，你不整理思路，不写点总结感受，过不了多长时间你可能会忘得一干二净。这就是我们读了那么多的书，为什么仿佛都不记得了，为什么好像丝毫没起作用。善读之才能医愚，才能事半功倍，不善读只能事倍功半。

至于实践，我还不敢尝试。我们学的是文本解读，学的是赏析诗词。本应该要去解读诗词的，可我在新网师看了几位老师的赏析之作，实在是不敢恭维。你看那些创作背景、译文、作者简介、名家点评板块，这些都可以在网上找到。最关键的是赏析部分，大多都半是借鉴半是发挥，读来也是索然无味。也许是"曾经沧海难为水，除却巫山不是云"吧，读了叶先生的唐宋词赏析，再看他人的赏析，真是味同嚼蜡了。我不是在故意贬低这些老师，我相信他们写这样一篇赏析性的文章肯定费力不小，我也相信，凭我之力连这样的赏析性文章也写不出来。叶先生人家是书香世家，在小时候就念四书五经，十二岁的时候就学习作诗了。人家是在诗词歌赋、古典文集里泡大的。我们呢？小时候除了课本和几本小人书外，都读过些什么？反正我是什么也没有读过，甚至从小学到高中，都没有人引导我读过书，包括我的老师在内。咱们的文化功底和人家存在一定的差距。没有扎实厚重的古文功底，没有对历史文化的深刻洞见，你想解词，真是勉为其难啊。

难就不做了吗？不，我们需要恶补，需要尽自己的最大努力补充这方面的知识。面对时代的差异，文化的差异，你不熟悉了解古文化，你根本理解不了这些诗词的话语体系，你怎么去解啊？

我觉得当下我们最需要做的就是在学习中传承，把叶先生教给我们的传授给学生。因为传授才是最有效的学习。这虽然有点现发现卖的意味，但这种方式会逼着你学精学透，要不然你讲不出来啊。所以我准备在下学期每周拿出一节课来开设诗词赏析课。《唐宋词十七讲》就是我的教材。我会结合我们学生的现状，充分备好每一节赏析课，制作成幻灯片，或用讲座的形式，或用语文课的形式传授给学生们。争取发掘出诗歌里的生命与美好，唤醒孩子们内心深处的高尚情趣，让每个孩子都拥有一颗不死的不僵化的心灵。

一句话，我要用我的赤子之心点燃孩子们的赤子之心！

回忆经典

从前几天开始重读苏霍姆林斯基的《给教师的建议》。捧起书本，望着苏霍姆林斯基那深邃的眼睛，我看到了一种温和，一种坚毅，更感受到了一种力量。今日重读，如老友重逢，便迫不及待地握手拥抱、互诉衷肠。

最早读此书是在2003年，那时初读此书便如获至宝、相见恨晚。书中没有艰涩的教育理论，有的只是娓娓道来的教育实践，而且直击人的心灵。那时我边读边咀嚼，并做了大量的读书笔记。虽然仅仅是摘抄而已。但就是这次阅读奠定了我的教育理论基础，也为我鼓足了教育的勇气，更让我学到了不少教育经验。读完此书，仿佛觉得自己俨然已是武林高手。记得那是一个暑假，读完后就天天盼望着开学，恨不能立即投入教育教学的洪流之中大显身手。

在新的学期里，我看着每一个孩子都顺眼，对于那些成绩不好的孩子，我再也没有怨恨了，因为我懂得了学生之间的差异性。我开始尊重每一个个体，因为他们都是一个个活生生的人，他们需要尊重。课堂上，我小心翼翼地保护着他们在学习上的自尊心，尽量根据差异提问题，布置作业……

一学期下来，更多的孩子们爱上了学习，我也爱上了教育。

我多么希望更多的老师也读读这本书，让我们的教育发生更多的改变。我们大多数老师都应该是教育专业出身，谁不曾读过教育学心理学，可又有几人能在心中留下几点印痕？那时我就想，教育专业的课程里面为什么不设苏氏的专著？如果让更多的老师更早地接触苏氏的教育专著，那对教育又会产生怎样深远的影响？

如果有人问我，你最崇拜的人是谁？在我脑海中最先浮现出的就是苏霍姆林斯基的大名。去年我在读书会上给老师们推荐书籍时，着力推荐的书籍之一就是《给教师的建议》。我曾这样说过,作为一个中国人不读读孔孟老庄,仿佛是一大遗憾。其实这些传统文化的思想早已化作血液流淌进每个中国人的身体里,你的言行举止早就受到这些思想的影响了。作为一个教师,你可以不读孔孟老庄,但你不可以不读苏霍姆林斯基。因为他就像一个知己一样在向你温和地诉说着他的教育实践,这是一个个感人的故事,这是一首首动听的乐曲。这里面有他践行的勇气,更有他理性的思考,容不得你怀疑,容不得你不叹服!

　　从这学期开始,我愿和各位老师重温经典,从中挖掘出更多的教育瑰宝,也从中发现一个更卓越的自己。

　　向经典致敬!向苏霍姆林斯基致敬!

教育的目的是指向人

读完《小亚的故事》这个案例，感触颇深。因为它深深地刺痛了我，在很多时候，我就像文中的"我"一样热爱教育，但又不得要领。

"我"能不被其他老师的思想所左右，对一个别人眼里的"坏学生"、事多的学生、不大正常的学生能给予赏识，这也是一种难能可贵。但问题是，当这个学生给"我"的管理带来麻烦时，"我"内心深处的第一反应是为了面子保护自己，保护自己在别人眼里的"优秀"形象。于是在处理学生问题上，把解决问题当成了最终目的。真正的教育最终目的是指向人的，是为了更有利于学生的成长。就像魏智渊老师所分析的："教育首先是保护（但不是庇护），其次是理解，再次是转化。"所有人都渴望在危难来临的时候，有人会保护他。面对小亚所犯的错误，"我"没有去保护她，而是一副公事公办的样子。于是小亚从原先"我"对她的赏识而获得的满足、感激之中跌落下来，这种被抛弃的悲愤、失望都化作了对我怨毒的攻击。而"我"根本没有意识到自己的问题。"我"对小亚的赏识甚至是妥协，换来的不是感恩的回报，竟然是反目成仇，于是"我"也恼羞成怒，非得要争一口气、与小亚见个高低不可。其最终结果实际上是没有输赢的，只能是两败俱伤。

"我"的失误在于"我"的"骄傲"，把自己的面子看得太重，把工作上的利害得失当成了教育的根本。"我"想急于解决问题，来证明自己的优秀，于是就把"倾听与信任"抛之脑后。在没有保护学生，没有充分"倾听"学生的基础上，"我"的处理只能换来学生的"铤而走险"。

平日里，我对学生，尤其是那些学困生，那些不被人待见的、受过伤的、自卑的学生，往往给予他们更多的善意。我知道，这种善意源自我善良的本性，里面有对他们的关怀，但更多的是一种对弱者的同情。这原本无可厚非，只有对这些学困生表达自己的同情和关注，给学生带来一丝温暖，他们才会在学习和生活上重拾信心。但这种善意或者说与学生之间建立起相互信任的关系，只是有效教育的前提，并不是教育的核心与根本，同时它也不是一种万全之策。对此，我深信不疑。

因为有这样的教育观念，所以在教育学生上，我能保护我的学生，也能倾听我的学生，这是一种尊重与关爱。表面上我深得教育之道，可最终结果也并不是很理想。思来想去，我觉得自己最大的问题就是经受不住时间的考验。我对学生很舍得下功夫，学生也能感受到我对他们的付出。可是一旦学生迟迟不能转变、不能进步或者没有进步到我所预想的效果，我就会着急失望。虽然我不会恼羞成怒，但我态度上的变化很快就能引起学生的失落。

我知道自己对学生的付出是要求回报的，这是一种错误的教育观，我也明白教育中不应当存在交易。我也明白我最根本的问题是自己的教育专业素养不够深厚，尤其是自己的学科素养还很低下，自己还做不到把对学生爱的教育和对学业上的指导结合在一起。

面对如此困境，我只有潜心学习，努力提高自己的实力，相信自己也能创造奇迹。

神奇的力量

有人常说，人和人不都一样吗，别人能做到的事，我们也能做到。这种人，其勇气可嘉。但，实际上，人和人是不一样的。首先有贤愚之别，高下之分。虽然我们有好多人不愿承认这一事实，可这就是自然之道。

同样是教师，也不完全相同。像我等碌碌之辈，与大师相比，缺少的不仅仅是智慧，更缺少那种源源不竭的爱心。其实，爱心人皆有之，只是分量不同而已。一个人一旦拥有了这种诚挚的源源不竭的爱心，恭喜你，你基本上可以成为一个大师了，即使成不了大师，成为名师是不在话下的。因为有了这种爱心，你便会不停地思考，不停地实践，不停地反思，不停地进步。办法总比困难多。精诚所至，金石为开。

那怎样获得这种爱心？一半来自天赋，一般来自学习。天赋不可强求，但学习人皆可为。读书学习是一剂灵丹妙药，它虽不能根除百病，但却具有神奇的治疗效果。

读书的感觉真是妙不可言，它具有神奇的力量。它能激发人的潜能，它能唤醒人的爱心，它能催人向上。

过去，我和我的学生们都住在一个小镇上。那时的我经常邀请学生去我家里做客，吃饭，谈心。我也经常家访、组织各类活动。那时的我总感觉自己的教育工作得心应手，充实而快乐。因为我们都收获了满满的爱。可后来，学校搬迁至一荒野处，大多数学生距家遥远，来回坐校车。节假日，因交通安全，也不便组织学生活动。学校因为没有教工宿舍，我也只能被迫住在城里，上下班来回开车。种种不便，让我错失了一些宝贵的教育良机。现在的我，总感觉和学生接触的时间太少，总感觉我们之间的距离越来越远，也总感觉自己对教育慢慢懈怠了。

今日继续读《爱心与教育》，抛却昨日的汗颜与羞愧，拾起了满满的信心与担当。特别是读到了有关后进生转化的问题上，李镇西的教育思想与行为深深地触动了我，唤醒了我。我也该有所行动了。

就从转化后进生开始吧。这批学生中后进生特别多，有学习上的，有思想上的，有性格上的，也有家庭方面的。有段时间，我发过牢骚："怎么所有的奇葩都会聚到我们班了？"我曾一度被他们弄得焦头烂额、苦不堪言。我曾对他们进行过无数次的教育，可常常是不见效果，或效果甚微。他们总是反复再反复，明明知道这是后进生的一种特点，可我还是因看不到希望时而放弃他们。可每次看到他们颓废沉沦的状况，我又总是良心发现。于是不得不再去苦口婆心地教育他们。明明知道这种说教似的教育无甚效果，可我又实在是懒于多下功夫。

说实在的，在后进生的转化上，你不倾注于大量的时间与精力，你不真诚地付出情感去感化他们，教育效果基本为零。因为所有的后进生早就练就了"金钟罩铁布衫"，以几招三脚猫的功夫去进攻，又怎能取胜？

看，李镇西是怎么做的？人家陪学生"吃喝玩乐"，视学生为哥们儿，陪学生摔跤、斗鸡、郊游……这得需要付出多少的时间与精力啊？一般人也许会望而却步——谁有那么多闲工夫伺候他们啊？这就是人和人的区别。但我却被他的行为鼓舞着，感动着。

心动不如行动。这么多后进生，我该先转化谁？还是先听听学生们的意见，发挥集体的力量吧。我决定，在下周一班会课上，搞一次调查问卷。设计三个问题。第一，请写出你自身的闪光点，越多越好，要说实话啊！第二，你觉得同学们中谁的闪光点比较多一些，请一一写出来（可多写几个同学）。第三，你认为我们班哪些同学在哪些方面应该受到别人的帮助。

只要学生们回答出这三个问题来，我也就对所有学生，尤其是后进生，有一个更加深刻的了解。那时候再做转化也就会有的放矢。我的基本思路是，找准同学们的问题，组成问题解决团队，不同问题的学生，组成不同的解决团队，制订出解决方案。但其中必有一点，那就是我将利用节假日，率团家访后进生。

有了这样的思考，也就有了期待，有了奔头。期待着明天的阅读之旅，期待着下周一的班会，更期待着奇迹的发生。

跟佐藤学学教研

一、现实之困境

佐藤学认为，"在改革第一年中，教学研究里还有一点是必须重视的，即每个教师都要带着自己的课题致力于教学研究。要让教学具有创造性，教师自身必须明确自己的挑战课题。"教学研究就是从教育教学的细节入手，从切实有利于提高教育教学的实际问题出发。这不得不让我重新思考我所面临的现实。

（一）缺少"应对"

就像佐藤学所说的："在扯着嗓门喊叫的教室里，在自我中心盛行的教室里，在仅仅只有一部分学生能够发言的教室里，在有若干学生几乎从不发言的教室里，在声音中都感到带刺的教室里，学生笼罩在自由放任或自暴自弃的气氛里，要进行自立、合作的学习是根本不可能的。造成这种教室氛围的根源在于教师的应对。"这就是我们的现实。

从表面上看，我们的教室里缺少这种民主和谐的氛围是因为教师缺少"应对"的意识。我想问，如果我们都读懂了佐藤学，都懂得了"应对"的技巧，就能创建一间"润泽的教室"了吗？我看未必。这本身就是一种理想与现实的矛盾。就像孔子当年，驾牛车遍访诸侯国推行自己的治国理念一样，谁不知道孔子的治国理念是治国平天下啊，"近者悦远者来"，"有人就有土，有土就有财"，那是多么美好的一种前景啊。可任凭孔子费尽三寸不烂之舌，却无一人愿埋他的单。为什么？推行新政就得需要时间，可在你的新政还未见效果之时，也许你早就被人给灭了。在这些伟大的理论面前，我们总能窥到教育的美好。谁不愿意追求真善美呢？可面对残酷的现实，又有几人能经得起考验？

（二）班额过大

我们是班级授课制，在小班额制度还未普及的情况下，班级人数一般在40~60人。这些学生因智力差异、家庭差异等因素导致了水平参差不齐。面对这样的学生，课程进度快了点，差一点的学生跟不上；慢下来，好点的学生吃不饱。我们只能在努力地寻求一种"中庸"的方式，可这种火候又是最难把握的，也超出了普通老师的能力范围。于是大多数老师在教育教学上就"率性而为"。这"率性而为"的背后有不负责任的一面，这谁都不可否认，但更多的是一种无奈，心有余而力不足啊。

（三）唯分数论

分数是目前衡量一个学校、一个学生好坏的唯一标准，因为只有这个标准是看得见摸得着的。虽然我们都知道决定孩子一生的不是学习成绩，可决定一个学校好坏的依然是成绩，学校成绩的好坏又直接决定了一个校长的命运。而我们的校长又有几个愿意拿自己的命运做赌注？于是校长开始抓成绩，而且是立竿见影的。也许校长们也都明白教育改革的重要性，可他们根本等不起那些所谓的教育改革。因为任何改革都需要时间的考验。在这样的指导思想下，校长慌不择路，教师快意恩仇，于是形成了教育的恶性循环。教师浑身戾气，学生唯唯诺诺，在这种情况下，教师和颜悦色地引导学生所花费的时间是大量的，所取得的效果比之萝卜大棒那些简单粗暴的手段更不明显。

（四）优秀者少

课堂上教师之所以对学生的反应视而不见，不仅仅是缺少倾听的意识，更关键的是教师对所教内容不够熟练，分析不够透彻。他把自己的精力全都集中在自己所要传授的内容上了，心里只是想着下一步该怎么做，也就无暇顾及学生的反应了。就像小学生初学写字，当他写完第一笔，还不知道下一笔写在哪里时，他是无论如何也不能把这个字写美观的。

这个世界不是非黑即白的，它是五彩斑斓、色彩缤纷的，是因为这个世界上的人是由各色人等组成的。中国人都喜欢传奇，都崇拜传奇人物，可真正想当传奇人物的并不多。因为真正的传奇人物都有异于常人的本领或经历，而这异于常人的本领都是苦苦练出来的。不是人们不愿意当优秀，而是一般人经不起这样的折腾。这就是现实。就像当老师的，谁不愿意成为名师，把教育教学规律运用自如，可这哪里是想想的问题。就像郝向东老师所说的："十年栉风沐雨，十年上下求索，十年奋斗不懈。"有些人看看这句话就吓怕了。

现实是在教育大环境不容乐观的前提下，仅仅靠少数的优秀者就想营造出风朗气清的氛围就难上加难。

二、如何将其使用到工作中

前文我把现实说得如此残酷，貌似哀怨牢骚，实则不然，我只是客观冷静地分析现实罢了。不管现实多么残酷多么无奈，总有那么一些人愿意挑战现实，挑战自我，争做优秀。我虽早已过不惑之年，也已经评上了高级职称，可我愿意继续挑战自我，争做优秀。我也愿意用我的实际行动为冷酷的现实注入一点温暖，我相信星星之火可以燎原！

那又该如何把佐藤学的教研原则运用到教学中呢？

（一）从自我层面说起

1. 强化自己的民主意识

课堂上，在教学中尽量多关注学生的一举一动，尽量不把自己的情绪带进教室，尽量心平气和地和学生交流，不给学生压抑感。课下多和学生接近，尽力为他们服务，处好关系。我特别欣赏李希贵的一句话："教育学首先是关系学。"课堂上这种融洽气氛的形成，也和课下的师生相处有着千丝万缕的联系。同时，让学生给我定规矩，找学生监督我，如果犯了规，比如无故发怒等，也要接受制裁。这才是真正的民主。总之，就是和同学们共同努力创设一间"润泽的教室"。

2. 全面掌握"倾听"的艺术

接受郝老师的建议，我买来了李政涛教授的《倾听着的教育》这本书，从中又学到了很多关于"倾听"的知识。比如，如何训练学生的倾听能力，教给学生倾听的方法等。我争取尽早把它运用到自己的教育教学中。

3. 研究一个真正的课题

就以"倾听艺术在初中课堂教学中的有效运用"为课题来做一番研究。前几年我参加、主持了不少课题，但都是一些假课题。现在一说研究课题，我就反胃口。可基于自己教学困惑的研究，这是真课题，是解决实际问题的，我想尝试一下。

4. 勤于学习，强大自己

儒家强调："穷则独善其身，达则兼济天下。"只有自身达到一定的实力，你才能去帮助别人，人家也才愿意接受你的帮助。

（二）从学校层面来说

我认为，打破这些陋习或让教师超越自己的一个最好办法，就是，校长要引领教师成长，而引领教师成长的最简捷有效的办法就是鼓励老师读书。学校管理说到底还是人的管理，即教师的管理，而教师的管理，最好的方式方法就是自我管理，要达到自我管理、自求上进的办法就是引领老师们进行阅读，最好是专业阅读，阅读是最好的提升方式。教师通过阅读，业务素质提高了，自身素养提高了，工作积极性也就有了，工作方向也就明确了，那我们的管理也就事半功倍了。为此，学校应在引领教师读书上下大力气。

我们不都是通过读书才知道了佐藤学，才知道了改变学校、教学的最好方式是教师要敢于开放自己教室，敢于相互听评课吗？我想，把所有读过佐藤学的老师组织起来办一所学校，让他们开放自己的教室，这绝对是一件大快人心的事，绝对用不着校长苦口婆心的劝说。

摸爬滚打再起航

——余映潮《给语文教师的80条建议》阅读心得

2022年春疫情又复发。自三月初欲购余映潮老师的《给语文教师的80条建议》，久久不至，心急如焚。托友人自济南购，方得。亦不能邮寄。直至五月中旬，又网购，书方至。欣然读之。

读罢，直教人"胡言乱语"，"曾经沧海难为水，除却巫山不是云。"这就是专业；这就是通透；这就是水平……自己仿佛吸纳了洪荒之力，俨然成为一个武林高手，那次第，怎一个醍醐灌顶了得。

一、按图索骥，事半功倍

我曾经那么向往专业的力量，在语文专业成长的路上，有那么多的美丽风景吸引着我，东瞅瞅，西望望，一会儿左，一会儿右。可到头来，仍感觉自己像个无知的孩子，迷茫的少年。

我读过魏智渊老师的《教师阅读地图》，也按图索骥地阅读了一些语文专业方面的书籍，可总感觉没有一本能如余映潮的《给语文教师的80条建议》这样通透。此书就如"语文老师的专业成长地图"一样，为我们勾勒出了一幅语文全息知识的画卷，并为我们提供了前行的路标，使我们不至于迷失在语文教学的丛林里。它让我站在了巨人的肩上，望语文之大海，波澜壮阔，蔚为大观。

闭目细想，那幅地图赫然就在眼前：把握治学方法，苦练教学本领，提升专业能力，体味好课设计，才能细化研读教材，才能创新阅读教学，才能用好统编教材。

没有地图的引领，我们就会被乱花迷眼，难达目的地。余老师等一些有志之士，已经为我们铺好前行的路，我等俗辈只需奋力前行即可。

二、苦练基本功，提升专业力

我曾疑惑，自己备课时，在研读教材上也是下了不少功夫的。特别是为一些公开课准备的课，文本都是反复地读，文言文是必须背熟的，现代文也有一些熟能成诵。可即使如此，备出来的一些课，还是自觉无光。原因何在？

同样一篇文本，备出的课来，为什么会是千姿百态的？其原因就在于自己的知识背景迥异不同，就在于自己的语文教学思想千差万别。自己没有朗读吟诵的本领如何引导学生读好课文，如何开拓出书声琅琅的课堂？自己的专业知识不精，又如何看出教材里的门道？如"同一复用""节奏""缓笔"等专业知识，我原先是真的不知不精。自己没有读写结合的意识，课堂上怎会有扎实的读写训练？自己的文体知识不清，章法知识不通，又如何做出有效的教学设计？

因为专业知识不精，教材处理不好，不知道教什么好，才出现了课堂上的碎碎念念，才致使语文教学的低效甚至无效。

读此书，给我最大的启示，就是要苦练基本功。否则，一切皆空谈。

三、突破短板，挑战自我

作为新网师的成员，我很自豪。我自豪于自己还是一个学习之人，还不曾堕落。可我的学习更多的是一种假学习，我也很努力，但我的努力大多放在了学上，在践习方面总是不肯下更多的功夫。说到底还是一种懒惰。我没有定向收集的习惯，也没有详写教案的习惯。没有定向收集，就不能积累起大量的素材，就不能目标明确研究一点，就不能获得质的飞跃；不能详写教案，思维就处于一种感性状态，不能理性地审视自己的教学行为，就不能获得真正的突破。

我们从不缺理论的指导，我们缺的是摸打滚爬的实践。要想窥见教育的美好，唯浴血奋战之。

《"全语文教育"课程的建构与实施》阅读心得

榜样示范促反思

刘恩樵老师的这部作品,语言质朴,思想醇厚,读罢令人爱不释手。其中诸多观点甚合吾意,深得人心。

一切改革创造皆来自对现实的审视,对美好境界的追求,这是对得过且过、故步自封的挑战。

且看沉重的现实——旧四重。一重教材,说"重"还是有点言轻,甚至是完全依赖,除去教材,其他一概不教;二重课堂,除去课堂,没有课外,语文与生活严重脱节;三重阅读教学,除去阅读教学,其他听、说、写被严重边缘化;四重分数,分数成了评价教师与学生的唯一标准。

面对如此现实,我们语文人哪个不感同身受,哪个不深恶痛绝?然而,痛苦绝望之后,大多数人便在沉默中灭亡,在愤懑中苟且。能挺而立之者鲜矣。我想,这就是人与人的差距,这就是平庸与优秀的差距。

在这方面,刘老师对"全语文教育"的践行,为我们指明了语文教育前进的方向。以前,某些优秀教师的一些做法和尝试时常见诸报端,他们或者在写作教学方面,或者在阅读教学方面,或者在课外活动指导方面,都有某些独到之处,也都起到了引领示范作用。然而,像刘老师这样全面的集语文于大成的教师真的少之又少。

且看刘老师的"全语文教育"之"变",之"全",改变只读一本教材的语文，为学生的大阅读创设各种途径与环境；改变只做大量习题的语文，为学生的"日写作"提供时间与保障；改变只有听讲与记录的语文课，让学生以"思"为开关，切实落实听说读写的能力训练；改变唯有第一课堂的语文，用各种微课程为语文课堂拌入各种作料。

刘老师的"全语文教育"仿佛让我们看到了一幅语文教育的"全息图"，融听说读写思于一体，且架构清晰，理据充分，践之可行，实在难得啊。

在对刘老师赞叹、佩服之余，想我半生语文还曾这般没有出息，不仅感觉到汗涔涔、心戚戚了。一是自视读书不少，可终究还是人云亦云，至今也无所建树。二是心中无主，脚下无根。我也曾面对现实奋力挣扎过，今日大阅读，明日重写作，来日又搞校外语文实践活动。看似轰轰烈烈，可实则如无根之浮萍，到处游荡不定。三是面对现实，一会儿拍案而起，一会儿又低眉顺眼。细想来，深恶之。

相同的起点，不同的结局，为何这般？我不断追问着自己，心态、见识、情怀使然。教育本是朴素自然的，一旦掺杂了功利便会变质。我们要做的就是去功利化、短视化。可人是环境的产物，都不是生活在真空里的，我们要做的就是戴着镣铐跳舞。将眼前的苟且和诗与远方平衡起来。可这又谈何容易？正如刘老师所说，容易的事不专业，专业的事不容易。这是我们语文人所必须面对的现实。

前路漫漫有光亮

接下来，我该何去何从？结合刘老师的"全语文教育"，我有以下几点打算。

将课堂改革进行到底。要想从重教材的泥淖中拔足而出，离不开对教材的整合。整合，可以是单元整合，也可以是跨单元整合。我准备的整合点主要在两方面，一是指向写作的整合，或是隐性写作，或是显性写作。就是把那些自己能解读出来，又能切合学生实际的有利于提高学生写作的文本，比方说，一种开头方式，一种写作方法，一种布局方式，通过两篇或几篇整合，进行群文教学，起到"举三反一"的作用；二是借用刘老师"一堂课的策略"，将课堂分成五步走，第一步，在第一课时，素读课文，圈点批注，25分钟左右，大约读三遍。第二步，我的收获。先是小组内交流，各小组整理出自己的收获，派一代表（每节课轮流）准备班内交流。第三步，我的疑惑。将自己的疑惑处在小组内整理交流出来，组内能解决的解决，不能解决的，小组代表整理后，用纸条的方式交给老师。第四步，第二课时，根据学生提出的疑惑，组织课堂，大约用25分钟。第五步，写出我的感受，大约用20分钟的时间。教师巡视，发现典型的作品，让学生展示。

充分发挥作文周报的引领、激励作用。结合"每日素材"，学生每周一篇作文，择优及典型作品整理到周报上，一周一期。

大阅读活动尝试。都知道阅读的重要性，可阅读的时间从哪里来？这一点必须走课内带课外之路，否则，仅仅布置课外阅读，那是一厢情愿。为此，每周开设一节课内阅读课，或阅读展示，或好书推荐，或纯阅读。

要想将大阅读活动进行下去，必须进行一项大胆的改革，就是将学生从题山题海中解救出来。我准备除去学校必需的考试检测，平时不单独给学生考试。另外，把基础训练、同步练习这些习题集搁置一边。否则，学生的时间从哪里来？

疑惑尚存求指点

摆在我们面前的一个无法回避的问题就是成绩。过去，我随波逐流的时候，成绩倒也不差。尤其是，我曾带过两批不分班的学生，一批是从初一累到初三，一批是从初二累到初三，我自认为创造了自己教学史上的小奇迹。可现在是一年一分班，这种从长计议的教学方式很难实现。

这一学期，我倾其最大精力读书教研，自认为我的课堂在发生着改变，我的学生也在发生着改变，最起码我让学生爱上了语文课，爱上了写作文。可现实却是如此打脸，最终我在教学成绩上几无进步。令我疑惑不解的是，别的语文老师，基本从不读书，还是用教教材的理念教语文，还是反复听写生字词，默写古诗，大量刷题。最终人家的成绩竟领先于我。这叫我情何以堪？

现实中，那些刚毕业的大学生跟有着十几年甚至二十几年教学经验的老师比，其教学成绩丝毫不差。语文教师的专业性到底在哪里？那些为了教学成绩不择手段，作业毫无底线，死逼硬靠的老师，最终竟是风光无限。那些真正热爱教育的老师，体谅学生、理解学生，站在儿童视角看问题，最后却落得羞愧满面。

我从不怀疑"全语文教育"的正确性，这也正是我的追求，可我们进行"全语文教育"，一年一分班，效果能否显现？一年又一年为他人做嫁衣，虽然学生得了实惠，可于我们一线教师来说，这是一种打击。

第二辑

教学探索

——纸上得来终觉浅,绝知此事要躬行

踏花归去马蹄香

——一个乡村语文教师的教学探索之路

一、正入万山圈子里，一山放过一山拦

（一）迷失在课内阅读"教什么"的丛林里

"语文教师太难当！"这是我的感叹，也是大多数语文教师的感叹。难在哪里？难在不知道教什么。于是我们的语文教学就随心所欲起来，也难免有以己昏昏使人昏昏者。难怪吕叔湘说："10年时间，2700多课时，用来学本国语文，却是大多数不过关，岂非咄咄怪事？中小学语文教学少慢差费的严重程度，我们恐怕还认识不足。"也难怪叶开博士发出了"中小学语文教师百分之九十都应该回炉"的惊人之语。

语文到底怎么了？语文不就是教识字、教阅读、教作文吗？这谁也知道，可谁也教不好。因为，语文学科是一个很特殊的学科，不像其他学科一样有着明确的教学内容。教小学低年级还能找到一点方向，可以教识字，但一到高年级的阅读课，我们便迷失在教学内容的丛林里。多听几堂语文课，即使是教学同一篇课文，你也会发现，语文课的教学内容就像阅读感悟一样："一千个读者心中有一千个哈姆雷特。"真是五花八门、乱象丛生。"教什么"完全依赖于语文教师个体的语文知识和语文素养，缺少了学理的依据。越是不知道教什么，越是想弄清教什么，于是我把大把的时间和精力都放在了对教材和课文的研究上。研读教参、查找课例，可到头来，却发现自己连节像样的课都备不出来，离开了拐杖就倒。

随着课改的深入，也随着阅读的深入，在一些新理念的引领下，我明白

了，要想教好语文，最关键的是要丰富和改善自己的"学科教学知识"，得拥有较强的教材解读能力。于是，我读王荣生、读余映潮、读李镇西、读王君、读孙绍振等人的著作。几经努力之后，总算在语文教学中摸出了一点门道，自己的课堂教学也备受好评，我也暗自得意着。可现实总是打脸，课虽然上得精彩了，可我所带教学班的语文成绩却也没多么出彩，我所教学生的语文素养也没有多么出众，他们的阅读理解能力依然马马虎虎，他们的作文水平也和其他学生不分上下。这不得不让我反思：会上课就是一个好老师吗？语文教材等同于语文课程吗？我们把目光死死地盯住教材不放，这必定是一个错误。

（二）疑惑于大量阅读的神奇功效

有专家说："课堂是教学的主阵地"，此话有些道理，但课堂主阵地不等同于课本主阵地。我，以及很多语文老师都吃过把课堂主阵地当作课本主阵地的亏，为此学生们更是大受其害。

一些语文先驱者的声音不得不引起我们的注意，张志公先生说语文学习："三分课内，七分课外"，于永正更甚，他说："一分课内，九分课外。"还有汪中求先生的2.18分理论，无不道出了课外学习的重要性。注意，这里的课外绝不是仅仅指上课以外的课余时间，而是指学习课本以外的时间。也就是说，仅仅靠学习课本就想学好（智力得以发展），那是痴人说梦、天方夜谭。所以真正的教育改革，也包括语文学习，必须要把主要的目光和精力放在课本外。"教材无非就是个例子"，它们也仅仅是课程的一个落脚点，绝不是课程的全部。用苏联教育家赞可夫的话来说："课内阅读教学只是教个阅读方法而已，阅读教学的重点是课外阅读，这是促进学生全面发展的主要手段之一。"

是的，课外阅读（课本或教材以外的阅读）确实重要，苏霍姆林斯基对此有着深刻的认识："让学生变聪明的方法，不是补课，不是增加作业量，而是阅读，阅读，再阅读。"苏霍姆林斯基通过观察发现："一个善于思考的学生，在脑力劳动上所花费的时间，大约只有三分之一用于阅读教科书，其余三分之二的时间都是用在阅读非必修的书籍上，也就是课外阅读上；而那些除了教科书以外什么都不读的学生连教科书也读不好。"

语文学习绝不仅仅是对课本的深度剖析，更不是题海战术，而应该有一个在课外大量的、长期的读书过程，没有课外阅读，语文学习只能成为一潭死水，无法给学生提供宽广的言语知识和丰富的智力背景，从而无法使学生获得语文的工具性，更不用说语文的人文性了。《语文课程标准》建议："九年课外阅读总量应在400万字以上"，这也是对课外阅读的一种引导。可我们的语文教学长期局限在狭小的课内阅读、课本阅读中，这又怎能实现文化的积累？

一些专家说，只要进行大量的课外阅读，语文想学不好都难，作文也不可能写不好。课外阅读意义重大，毋庸置疑。鉴于这些认识，我按课标要求，读必读作品，读推荐作品，读《语文主题学习丛书》，读国学经典……一场轰轰烈烈的课外阅读运动开始了。

然而，理想很丰满，现实很骨感。也许是我们的读写结合不够到位，也许是我们读得太匆匆，也许是我们一年一分班的制度，这些都限制了我们读书效果的发挥。一年阅读实验过后，我们班的语文教学成绩并没有明显的进步。

如果说谁对成绩无所谓，那他要么是一个跳出三界外、看破红尘的大师，要么是一个令人鄙视、自暴自弃、混天熬日子的"坏"老师。我，俗人一个，不是大师，也成不了大师，对教育又有几分情怀，所以，对成绩绝不会不择手段，更不会冷眼相看。

专家不是说，只要大量阅读，准会写作文吗？只要大量阅读，理解能力绝对上得去吗？我的学生作文怎么还是写不好？阅读理解水平也不见得比别人高到哪里去？这是怎么了？

（三）无奈于当下的作文教学

都知道作文教学是语文教学的半壁江山，因为一个人的写作能力是其语文水平的重要体现。我从上班之初对作文教学的用力指导、全批全改，到后来的辅助以日记教学和阅读教学的以读促写，再到后来的作文分层教学课题研究、作文序列化教学探索，可以说，我在作文教学的路上不断地摸索爬行，虽说也有几丝光亮时隐时现，但始终未见曙月，总感觉前路迷茫。于是不得不放弃对作文教学的执着，任其"自由"生长，我不知道这是无奈还是悲哀？

二、青山缭绕疑无路，忽见千帆隐映来

我不是最优秀的语文教师，但我是一个最努力的语文教师。当初不满于照搬教参、人云亦云，我读孙绍振、读王荣生等大师的作品，学会了解读教材，

做到了自主备课。不过，当下的语文教学，受一些流行因素影响，比如阅读优质课评比等，它们在无形中成了语文教学的指挥棒，使我错把课堂教学当成了课本教学，错把阅读教学当成了语文教学。当我意识到这一点的局限之后，我迅速把教学目的指向了课外阅读，但我过于相信了"阅读万能论"的理论，再加上操作不当，课外阅读也没有达到我预期的效果。与此同时，我在作文教学上的摸打滚爬，也因见识短浅，没有找到一条光明之路。

二十多年的教学实践，我对语文教学有着无限的热爱，也有着切肤之痛，总感觉没有什么经验可鉴，倒是有不少教训可供吸取。前路茫茫，不知归去何方。就在我苦闷、彷徨之际，我加入了新网师，遇到了一些内心发光的人，其中一位便是新教育的创始人——朱永新教授。我读他主编的《中国著名特级教师教学思想录》，又接触到了管建刚老师的《我这样让学生迷上作文》，读完此文，真有一种拨云见日、醍醐灌顶之感。回味之余，还觉得不过瘾，又买来他的七本作文系列丛书，紧接着读完他的《我的作文教学主张》《我的作文教学革命》《我的作文教学训练系统》三本书，多年来，压在我心头的种种和语文教学有关的雾霭，终于被管老师的教学思想穿透、消解。

是他的作文教学丛书使我原本错综模糊的语文教学思想变得清晰明朗起来，是他让我明白了：

（一）什么是真正的语文教学

真正的语文教学绝不是紧扣课本不放，语文书代替不了语文课程，课堂教学也不一定非得教课本，更应该教和语文有关的课外资料；真正的语文教学绝不仅仅是阅读教学，阅读教学只是语文教学的一方面，但不是最主要的，它无法代表语文教学。阅读教学很重要，但只要一读书，写作就能成功，这只是一种臆想。阅读对写作有一定的指导作用，阅读教学中也有写的训练，但它不等于写作教学中的写，更取代不了作文教学。管老师说："一个人的写作能力依附于四大要素上，即写作兴趣、写作意志、写作人格和写作技法。读书只能部分地解决'写作人格'，部分地解决'写作技法'。""一个人的'写作人格'主要来自'生活背景'和'阅读背景'。"用"阅读背景"来取代写作人格是以偏概全。

语文教学的重点在哪里？应该在作文教学。语文课程标准说，作文才是一个人语文素养的综合体现。没有人提过阅读是一个人语文素养的综合体现。一个长期大量阅读的人未必会写作文，但一个会写作的人一定会阅读。会写作的人阅读时，能读进去，更能读出来，他不会陷入文章的情节而不能自拔，他会从写作的角度来审视所读的文章，从而使自己的阅读收获更大一些。而一些不会写作的人，只是以跪着的姿态，以崇拜者、欣赏者的姿态阅读，他会完全被文章的内容所吸引。这样的阅读，于写作来说，收益不大。

写作涵盖了阅读，但阅读却涵盖不了写作。所以说，阅读应该低于写作，写作应该高于阅读。现实中，只有人不喜欢阅读，却没有人害怕阅读，但有很多人，包括一些教育工作者都害怕写作。因为写作是最耗费人心神的一件事，它是在输出自己的思想和情感，是在表达自己的独特。而阅读则是一种输入，是在接受别人的思想，是一个被同化的过程。

（二）作文教学很简单

作文教学很重要，这是一个不争的事实。关键是我们明明知道它很重要，却又对它无计可施、无可奈何。而管老师在这方面做出了重要的探索和实践，为我们的作文教学带来了一道曙光。

管老师的作文教学很简单，就是以"班级作文周报"为平台的一套完善的作文操作系统，为学生营造了一个强有力的写作磁场，学生则按照操作系统向"周报"投稿发表。一个看似简单的举措，却解决了我们平时对学生毫无办法的作文兴趣、作文意志、作文能力、作文评价等问题。

说管老师的作文教学简单，是因为他的这套作文教学操作系统便于迁移、易于执行，可谓是广大语文教师语文教学的救命稻草。其实这套作文操作系统正常运行的背后，还有老师们对作文教学的大量付出，你得选稿、定稿，你得仔细阅读每一篇作文，你得随时调整操作方案，你得保障学生作文的激情不被磨灭，更重要的是，你得要具备一些系统的作文知识，还得要有把这些知识转化为一次次有效的作文训练的能力。知识可以捡来，但能力是需要我们在一次次的训练中强化的。

（三）什么是语文教师的看家本领

刚上班的时候，学校里倡导老师们练习"三字一话"：钢笔字、粉笔字、毛笔字和普通话，于是在这方面我就勤加练习。可后来我发现，一个老师的字写得漂亮工整，普通话说得标准流畅，这只是锦上添花的事，这些基本能力根本解决不了我在教学中的困惑——上好一堂课。

为了上好语文课，我开始阅读相关的教育专著，这时我才明白，一个教师的核心能力具体表现在教材解读、教学设计、课堂把控、观课评课、论文写作等方面。不得不说，通过学习，我个人的教学能力确实提高了不少。然而依旧让我感到痛苦的是，学生的学习能力却没有因为我个人能力的提高而随之提高。虽然我也经常自我解嘲地认为，学生学习能力的提高绝非一朝一夕之功，我今天的努力也许会在很长时间之后才能显现出效果来。可我还是不得不怀疑自己的努力方向是不是出了问题，随着学习的深入，我越来越意识到，自己一直在做着一件"关于语文""关于阅读""关于作文"的事，却忽视了语文本身、阅读本身和作文本身。老师的教学必须从老师的"教"转向学生的"学"本身，语文教学就是要转向学生的"读"和"写"。关于这一点，管建刚老师的话甚合我意："课堂，语文教师的研究重心，不是教材解读，而是两个开发，一是课程开发，二是组织、引导、激励学生的方法、手段的开发，使学生能主动用起、用好'课外大舞台'，将'读'和'写'融入自己的生活。"我想这就是语文教师的看家本领，在我眼里，也是管老师眼里最好的语文教师，最好的语文教材。

三、归来也，风吹平野，一点香随马

掀开一页书，贴耳倾听，能听到美丽的音符；合上书本，抖一抖衣袖，竟抖出一地的芬芳。行走在语文教改的大道上，我在不断否定着自己，也在不断突破着自己，虽有痛苦和矛盾缠绕，可嗅一缕芳香，精神倍长，于是，继续赶路，赶路！

我的课堂我做主

——412语文单元整体教学模式初探

一、412单元整体教学模式提出的背景

随着社会的进步,教育也在不断地发展着。我们的语文教育在变革发展中更是惊天动地。我们首先承认,教育的变革的确推动了教育的发展。但教育的现实却给我们泼了一盆又一盆的冷水。学生的语文素养并没有真正地得以提高。表面上看起来轰轰烈烈,一波未平又起一波的语文教育之变革反而把人们给震晕了。我们不知道学什么好,这个专家这样说,那个专家那样说,领导却又那样说。我们到底听谁的?其实正是"不知听谁的好"这种意识让我们的语文变革之路走得异常艰难。因为我们大部分老师已经习惯了填鸭式教学,也习惯了被填鸭,从而流失了自己的思想主张,会的只是模仿、抄袭,还患得患失、不敢创新。其实我们应该静下心来想一想,语文真的那么难教吗?资中筠先生提出:"启蒙就是要回归常识",大力呼吁讲真话,我很受启发。我想我们的语文教育是不是也要回归常识,语文作为语言学科的教育,其常识不就是多读多练吗?书读百遍,其义自现,熟能生巧啊!

在教育变革如火如荼的今天,我一直奋力前行,在语文课堂教学中我也进行了大胆的探索和尝试,逐步形成了一套较为可行的单元整体课堂教学模式,根据其形式特点,我把它称为"412单元整体教学模式"。

二、412单元整体教学模式简介

用一句话来概括:就是把一单元的四篇现代文用4节课来读,1节课来交流

展示，2节课来写作（一周七节课）。用一周的时间结束一单元的现代文教学（古文教学单独教着）。

三、课堂流程

课前，我先把本单元的导学案发给学生。导学案内容有：文章的写作背景；作者简介；跟课文有关的主要问题。

第一节课：默读课文，粗知文意，简单归纳

老师导入单元教学后，让学生默读整单元课文。初中教材，按每篇3000字计算，学生默读速度为每分钟500字，一篇课文需6分钟左右，一单元需要30来分钟。

学生在默读的过程中，顺便把不认识的字词或不理解的词语句子画出来。一节课45分钟，默读完后还剩10来分钟，余下的时间，让学生概括总结每篇课文大意，并写在练习本上，课上能交流完最好，如果不能完成，课下完成。同时布置作业：一是课下把第一课的字词掌握住，下节课检查。二是把在课上画出来的不认识的或不理解的字词解决完。

第二节课：自由朗读，加深理解，全面感知

检查第一课的字词，让学生写在书法练习纸上（5分钟）。

剩下的时间全部让学生轻声朗读课文（逐字逐句）。朗读课文比默读要慢得多，40分钟的时间可能读不完一个单元，剩下的课文课下读完。读的过程中注意提炼问题，可随时问老师或同学。布置课下练习第二课的字词。

第三节课：齐读课文，培养语感

检查第二课的字词，让学生写在书法练习纸上（5分钟）。

齐读课文比学生自己轻声朗读更慢，一节课如果齐读读不完一单元的课文，就有选择地让学生齐读。布置课下练习第三课的字词。

第四节课：自由读文，圈点批注，挖掘亮点

检查第三课的字词，让学生写在书法练习纸上（5分钟）。

分小组选择自己喜欢的课文，重点运用圈点批注法赏析课文。每生至少选择两篇讲读课文赏析。赏析过程中可以讨论，可以问老师。布置课下练习第四课的字词。

第五节课：合作探究，交流展示，释疑达标

（1）书法练习，字词巩固。检查第四课的字词，在舒缓的轻音乐中，让学生写在书法练习纸上（5分钟）。

（2）学贵有疑，有的放矢。学生分组交流讨论自己在学习中的疑惑，然后每小组提炼出1~2个有价值的问题，全班交流（5分钟）。

（3）深入研讨，合作交流。教师根据单元需要提出的问题，然后分组交流讨论并展示（10分钟）。

（4）集中赏析，学法指导。教师指定段落赏析课文，教给学生语文学习方法（每次都有侧重点）（10分钟）。

（5）自由赏析，展示精彩。分组讨论，定出赏析内容，先分小组交流，然后展示精彩。其他小组可做补充或提出自己的认识。教师适时点拨（10分钟）。

（6）总结巩固，拓展提升。教师或学生做总结，根据单元目标或内容进行适当拓展（5分钟）。

第六、七节课：学以致用，巩固升华，快乐写作

根据本单元的课文内容或本单元一个比较突出的写作特点、描写方法对学生进行作文训练。

周末作业：根据本单元的学习情况写一篇学后反思，也可选择一篇课文写读后感；除去课文要求背诵篇目外，自选一段话背诵（字数不少于200字）。

四、412单元整体教学模式的理论依据

（1）《语文课程标准》指出：语文课程是实践性课程，是学生学习运用祖国语言文字的课程，学习资源和实践机会无处不在，无时不有。因而，应该让学生多读多写，日积月累，在大量的语文实践中体会、把握运用语言的规律。

（2）当代著名民间教育家赖国全提出的"累积式教育法"，曾风靡全国，是一种科学、简单、高效的教育方法，其核心就是反复读、大量读，正如古人云：书读百遍，其义自现。

（3）全国著名中学语文特级教师韩军提出的教育理念：举三反一，回归语文教育的"积累"之本。他说，学语言是积累为本，读书为本；数量在先，大量读书识文，由量变到质变。学理科可"举一反三"，通过一个例子学会解

大量同类习题，师"举一"于前，生"反三"于后；学语文，则是"举三反一"，学生自我积累、大量积淀，才会读写反刍点滴，生自"举三"于前，生自"反一"于后。幼儿学口语的效率之高令人吃惊，一年可牙牙开口，两年便正常交流，奥妙在于，一出生，便掉进了语言大海。大人与其说话，大人之间说话，都有意或无意地走进幼儿的听觉。同样，中学生学习语文只有在大量的阅读中、不断的实践中才会提高自己的语文水平。

（4）山东潍坊韩兴娥老师提出的"海量阅读法"。韩老师的"海量阅读"，代表了中国当代先进的语文阅读教学观念！研究和推广这种教学观念，对于医治多年来"满堂灌""一言堂"的痼疾，对于实现让学生"学会学习"的艰难宗旨和实现教师"授之以渔"的渺茫目标，对于推动我国语文阅读教学改革，具有极大的现实意义。教师的正确讲解，在其他门类的课程中将具有极大作用的话，那么相对语文来说，采取大量反复运用的方法，其效果将比单纯的讲授，即现在通行的"阅读理解"或者"细读文本"更为直接而且奏效！

（5）李镇西老师说："我经常问自己两个非常朴素的问题：'我给学生训练了这么多的方法，但是，当年我是不是这样学语文的？''学生做的考试题，我是不是都会做？'而答案往往是否定的。回想当年我自己的语文学习，无非就是多读多写，哪有那么多的'方法''技巧'？我主张语文教学返璞归真——多读，多写，多背。语文学习其实就这么简单。"

（6）古往今来一些知名大家的学习之路也该引起我们的反思吧。比如：高尔基、爱迪生等。尤其是2012年的诺贝尔文学奖获得者——莫言先生，他不就是一个上过五年小学的小学生吗？他之所以成名，肯定和他的大量阅读有关。我想他也未必知道什么表达方式，什么描写方法，什么写作技巧，可他肯定会运用这些东西。就像农民根本不知道杠杆原理，可他对铁锨、锄等劳动工具使用得非常熟练。我想语文作为语言学科，应该是熟能生巧吧。也许我们的语文教学不用很复杂。

（7）来自自我的教育反思。前几天我做了一个"关于如何写好作文"的调查问卷，令我吃惊的是，大部分学生的回答都头头是道，按学生自己对写好作文的认识，看起来他们都可以做语文教师了。可实际上，学生的作文现状真的令人不敢恭维。可见学生的作文理论都很棒，可一到运用就伸不开手脚了。这说明我们教师给学生讲的理论、方法过多，而实践却跟不上。理论与实践的不符，也许是造成我们目前语文教育尴尬现状的根源之一吧。

五、412单元整体教学模式特点

（1）面向全体，让学生成为学习的主人。这套教学模式的最大特点就是面向全体学生，让学生成为真正的学习主人。而我们传统的课堂往往就是老师和一部分优生的表演，部分学生仅仅充当了"看客"。再者，老师也不可能面面俱到地照顾到每个学生。而在这种模式下的课堂，表面上看起来波澜不惊，而孩子们思维的海洋却是惊涛拍岸。受读书氛围的影响，每个学生的学习积极性都会在读的过程中调动起来，少有"看客"现象。

（2）符合认知规律。让学生们在四节课中读同样的课文，而不是把同样的课文放在一节课中读四遍，这符合艾宾浩斯的遗忘规律，加强了学生的记忆。

（3）各种学习方法的落实，学生语文素养的真正提高。这套教学模式中涵盖了念读法（包括默读、齐读、自由读、有感情地读）和圈点批注法、复述法等语文学习的基本方法。除此之外，这套教学模式还以小组教学的形式加以辅助，所以课堂上还运用了讨论法、辩论法等学习方法。正是各种教学方法的落实，才会使学生的语文学习能力得以真正提高。

（4）读写结合，以读促写。在学生反复读的过程中，我会把握时机，根据单元教学内容或单篇课文的语言特点，让学生进行句段篇的仿写。

六、几点补充

（1）在这种模式下的古文教学，利用早读时间每天读一篇，连读七天，下周检查背诵。每篇古文都要拿出两节课的时间学习。学完全部古文用时近两周。

（2）此种模式不利于语段教学，也不利于教师课堂教学水平的提高，为解决这一缺点，我从六个单元中分别选出一篇课文，选好教学点，精心备课，当成公开课来上。也就是说，每单元精讲一课。这样用时一周。

（3）采用此种教学模式教学一册课本只需九周。这样就可以节省大量的课堂时间进行课外阅读。这也是我采用此种教学模式的主要目的。在现行教育状态下，想让学生在课外进行阅读，基本无效果。而语文学习离开大量阅读，想提高学生的语文水平，基本不可能。而此种模式，就可以通过课内阅读培养学生的阅读兴趣，进而提高学生课外阅读的有效性。

这种教学模式与传统教学模式相比，有其利，也有其弊，但综合考虑应该是利大于弊。我知道，任何新的思想或理论，起初都并不完善，甚至有好多谬误之处。因此，真心地敬请各位不吝斧正！

新课标理念下我的语文教学框架

一、框架图示

新课标理念下我的语文教学框架图如下图所示。

能力与素养
- 听：倾听训练课。
- 说：课上3~5分钟说的训练，初一讲故事；初二演讲；初三即兴演说。
- 读：每周一节阅读课，或阅读，或展示交流。每学期至少读4本书。
- 写：日记和作文周报并重。

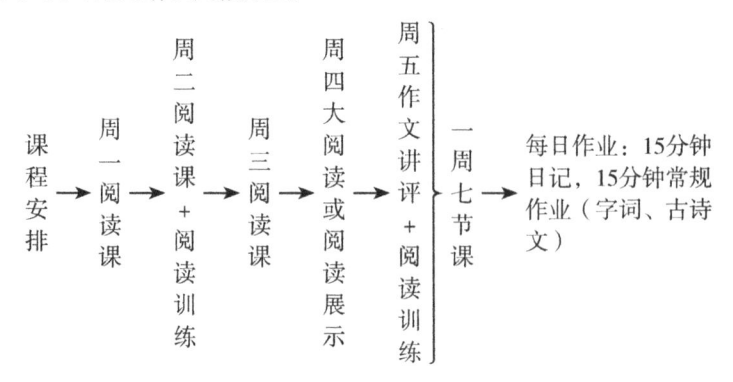

课程安排 → 周一阅读课 → 周二阅读课+阅读训练 → 周三阅读课 → 周四大阅读或阅读展示 → 周五作文讲评+阅读训练 → 一周七节课 → 每日作业：15分钟日记，15分钟常规作业（字词、古诗文）

二、设计解说

（一）听说的训练

在常规的语文教学中，人们往往忽视了"听"和"说"的训练，就像我们都自然而然地忽视了阳光、空气的存在一样，皆因"不识庐山真面目，只缘身在此山中。"可当我读过李政道的《倾听的教育》以及戴维·伯姆的《论对话》后，才知道了对话、倾听的重要性。于是我便有意识地指导学生们如何倾听，并设置了倾听训练课。针对说的训练，结合对《静悄悄的革命》一书中

"润泽"教室的理解，我积极营造自由言说的环境，试图将学生的心扉打开，让学习更加有效。同时，每节课的前三分钟，我让学生们按照学号轮流演讲，或者说是进行口头作文。

（二）读写的训练

语文教学有两大块：阅读和写作。可在现实的语文教学中，我们对阅读教学关注过甚；对作文教学，又视而不见。如何进行读与写的训练，读写结合是一条有效的策略。在平时的语文教学中，无论是课内教材的学习，还是自由自在的大阅读，我都会引导学生用发现的眼光，用寻找语文的意识来进行阅读，于是仿写、续写、补写、读后感等多样式的写作与读结合了起来，极大地提高了语文学习的效率。在读写的训练中，最受学生欢迎的，是每间隔一周的"阅读训练周"。这一周，我们完全抛开课本，就是静静地阅读、静静地写作。我把这种阅读方式称为"沉浸式"阅读，没有这样的阅读引领，仅仅把大阅读放在课后，那简直是痴人说梦。在这样的阅读课上，我们或者共读一本书，或者自由阅读一本书。虽无书声琅琅的跌宕，亦无师生交流的起伏，但思维的光焰熠熠闪烁。平时，我们再辅以阅读展示课，或推荐一本好书、一篇美文、一段佳句，或赏析评价，或畅谈感受……由此，阅读才得以真实地发生着。

（三）班级作文周报

作文周报的流程。

（1）素材积累。相当于日写作，每天就自己印象最深的事写一句话或一个小片段，这是一种灵感的捕捉与积累。作文大多写已经发生过的事，如不及时捕捉灵感，写作时大脑就会一片空白。

（2）初稿录用。根据素材积累，完成作文初稿。老师快速批阅，定出三分之二的"初稿录用"。凡想被初稿录用的同学，写作时必然用心。

（3）终稿录用。初稿被录用的同学为了终稿也能录用，必然会绞尽脑汁地修改。老师再从初稿录用的作文中挑选出三分之二（13篇左右）的作文作为终稿录用。

（4）完成电子稿。终稿被录用的同学，再经修改，变成电子稿，通过微信传到班级作文群。

（5）形成作文周报。老师将学生发来的电子稿编辑后形成作文周报。

（6）作文讲评课。根据作文周报进行作文讲评。

传统的作文教学大多是写前指导，是理论至上，距离学生的真实写作还有点遥远。而"作文周报"采用的是写后讲评，师生所面对的是具体的篇章、词句，优缺点一目了然，这样学生写起作文来会更加有据可依。

以前，我努力着，做关于阅读、关于作文、关于语文的事；现在，我奋斗着，将学生置身于阅读、写作的海洋里，让语言文字浸泡着学生的眼睛、耳朵和身心。

不管周期如何，但求耕耘，不问收获。因为我相信规律，相信种子！

基于倾听、对话理念的课堂教学设计

一、课前准备

（一）学情分析

我们学校是一处乡村中学，被人家定义为乡村偏远学校。我不知道为何这样定义。在交通发达的今天，我们紧邻一省道，还有高速入口，反正我认为我们这儿交通非常便利。另外，这是个信息畅达的时代，在这样的时代，加上这样便利的交通，人们的眼界一下子开阔了许多。特别是家里有学生的家长，他们能分得清哪里教得好，哪里教得不好。他们本着绝不能让孩子输在起跑线上，再穷也不能穷在孩子教育上的原则，一些开明的家长纷纷把孩子送入邻近的城市就学。这种学生外流现象，近年来愈演愈烈，逐年呈上升趋势。我教的这批学生就有60多人外流。而这60多人大多是一些比较有出息的孩子，因为他们的家长都是当地一些比较有见识的人，否则他们也不会把孩子送出去上学了。家庭教育是影响孩子成绩好坏的主要因素之一，开明的学生家长教育出的孩子大多成绩优异、学习习惯好。这些孩子的流失，给我们当地教育带来了沉重的打击。火车跑得快，全凭车头带，好学生流失了，榜样少了，班里的学习氛围就惨淡，老师教起来就费劲，就容易影响成绩。成绩不好了，领导脸上就无光，甚至还会影响到领导的前途。于是领导就会逼着老师死抓成绩，上有所好，下必甚焉嘛。于是老师们就开始不择手段，毁人不倦。于是孩子们越学越累，越累越不愿意学。于是老师们就在课堂上大吼大叫，甚至穷凶极恶。于是教育的恶性循环就开始了……

当教育一旦陷入恶性循环的深渊，那教育也就失去了它原本的朴素与美好，它带给人们的只会是伤痕累累、深恶痛绝。看看学生们在课堂上的表现你就知道了，孩子们在课堂上个个正襟危坐，回答问题时，大多噤若寒蝉、唯唯诺诺。老师抛出一个问题，孩子们大多大眼瞪小眼，或者干脆低下头颅不敢看人。他们不愿意思考，只想等着那些优秀的同学或老师把答案说出来，他们如同局外人一样存在于课堂之上……他们到底经历了什么样的教育，使他们变得如此麻木不堪！再看看他们课下的表现，一个个如脱笼之鹄翩翩起舞，又如重获自由的人那样兴奋异常、大喊大叫、蹿跑乱跳，我知道这是他们在释放压力，别再视他们为坏孩子了，他们真的很不容易。

（二）目标制定

同一群孩子，课上课下判若两人。从学校教育的层面来说，孩子们课下的问题都源自课上。我们如果能做好课堂教育，那教育就成功了一大半。学生们课堂上种种不尽如人意的表现都因为他们的不自信，都因为他们的恐惧心理，对老师的恐惧，对同伴的恐惧。而这些又都源自我们教育的变质。而这些问题的解决非有担当者不可为，非有对教育有洞见者、有情怀者不可为。

我觉得解决这些问题最好的办法就是创设一间"润泽的教室"。

自认为自己对教育还有一定的情怀，对倾听的教育也很是赞赏，对"润泽的教室"也更是向往。可在现实面前，我的教育情怀和教育思想也仅剩一点残影罢了，为此，我常常苦恼不已。我就像一个经常犯错误的孩子一样，经常犯，经常改，可总是改得不那么彻底。

我今年教初三毕业班，县教育局已把教学进度定为：本学期学完九年级全部课程，以便准备年后的一模考试。我们学校为了便于考评教师，也把一模考试作为重要依据。在这种情况下，我不得不加快教学进度。为了赶进度而进行的教学，其教育教学效果可想而知。读了"佐藤学"，读了《倾听着的教育》，读了《教学勇气》，读了"李镇西"，读了……读了那么多的教育著作，我似乎仍然无力改变课堂教学。我也曾在课堂上尝试着倾听、尝试着等待、尝试着尊重，可换来的依然是学生们的麻木不仁。我的好脾气，我对他们的尊重与理解，没有唤醒所有或大多数同学的学习热情，他们认为这个老师脾气好，好说话，完不成作业，他不会对你怎么样。欺软怕硬，也许是人的劣性之一吧，可孩子们却总是这样。你的尊重与理解在有些孩子眼里不值一文，倒不如那些对学生动辄暴怒的老师。学生们早已习惯了被迫学习，谁逼得紧，谁严厉，我就学谁的，这早已成了孩子们的学习习惯。

在这种情况下，我也不得不变得一本正经、满脸严肃；学生们在我的课堂上也不得不老老实实，而这实在是我所厌恶的。我们越是想霸住课堂，越是霸不住，喋喋不休地讲带来的是课堂的沉闷、无聊。独白式课堂带来的多是低效甚至无效的课堂，现在想来还是令我阵阵作呕。我的温暖还没有把孩子们的心捂热，教育就是一个从量变到质变的过程，可我却指望在短时间内就能把所有孩子教好，那岂不是天方夜谭吗？我不也是常说，初中教育，教师的根本任务应该从修复学生的心灵开始。

鉴于以上思考，我把本次教学目标定义为：通过认真倾听的方式方法，接纳每一个孩子的表现，让孩子们体会到课堂学习的安全感，从而慢慢培养孩子的学习兴趣，以便进一步培养孩子的主动思维和口语表达能力。

（三）学习环境的创设

这节课我不准备在教室里上，因为大多数学生都早已厌倦了普通教室的环境，教室对他们来说太熟悉了，而就是在这熟悉的教室里学生们备受煎熬。所以所有学生都愿意上音体美，因为这些课都不在自己的教室里上，新的环境在一定程度上能引发学生的学习兴趣。我决定把上课地点定在我和老师们的阅览室里。这里环境相对优雅一些，平时学生们也很难来到这里，我想这里更能引起他们的学习兴趣。这么多年做学生工作，我有一个经验，就是你越是正儿八经地在办公室、教室这些正规的地方教育学生，其效果往往不是很明显。相反，你在操场上或去餐厅来回的路上，和学生边说边聊，学生的一些问题反而会迎刃而解。就是因为这样的环境给人的感觉是宽松舒适的，不会给孩子带来过多的压力。而你在教室里，有那么多的同学守着，在办公室里，有那么多老师盯着，你再严肃地批评教育他，孩子的自尊心会受到一定的伤害，明知你说得对，他们也会莫名地反感。只有在这样宽松的环境里，孩子们的心里才不会那么紧张，他的心灵才是开放的。这个时候，教育才会真正发生作用。

（四）教学设计

作为一个有着20多年教学经验的语文老师，设计一堂还能说得过去的语文课，在这方面我还是比较自信的。我也原本想正儿八经地设计这样一堂课，可思来想去，我还是决定另辟蹊径，不上传统的语文课了，上一节"谈话课"。

就是围绕自己所接触过的人事物，选择自己最有话可说的内容，来谈谈自己的认识。比如读过的书，接触过的老师，最有意义的事等。其目的就是拉近自己和学生的距离，让学生们不再害怕老师，进而不再害怕上我的语文课。

二、课堂掠影

　　为了上好这节课，我把原本早上第一节的语文课调到了下午第三节。我觉得早上第一节课，正是学生们精力充沛、斗志昂扬的时候，直接上这样一节谈话课，学生们会不会因落差太大而接受不了？下午第三节课，学生们比较疲惫了，我再上这样一节谈话课，让他们放松一下，他们会不会更愿意上？思虑再三，还是决定下午上。下午上完第二节课，学生们正做着眼保健操，我来到教室里告诉同学们："做完眼保健操，放松一下，咱们去四楼教师阅览室上一节课。"我的话音刚落，有些学生已经欢呼起来了，课代表问我带什么学习资料，我说什么也不用带，带着心就行，学生闻听此言，再次兴奋起来，议论起来。在他们的疑惑与兴奋中我走出了教室。

　　我提前来到阅览室，静候学生们的光临。学生们也陆陆续续地来到了，我招呼他们随便坐，学生们似乎没有听懂我的话，都愣在原地。我解释说："随便坐，就是愿意坐到哪里就坐到哪里，愿意靠着谁就靠着谁。"学生们听后眼里都放出了喜悦的光芒。他们马上呼朋引伴、四散而坐。看着孩子们高兴的样子，我的心里也乐滋滋的。学习进度和考评的逼迫，学习和升学的压力早已封藏了我们的笑容。现在，我给学生们一点阳光，他们就灿烂无比。

　　上课开始了，我先来了一段开场白，我很郑重地说："同学们，自开学以来，我们一直低头赶课，在课堂上，我看到同学们一个个眉头紧锁，似乎没有丝毫的快乐。为此我很内疚，难道是我走得太快，以致忘记了为什么而出发？教育不就是让你们过一种充实而有意义的生活吗？可我分明觉得，在课堂上你们并不快乐。因此我决定这节课让我们停下前进的脚步，等一等我们的灵魂。所以我让你们放下课本，来到这里，带着一颗诚挚的心，让我们说说话，交交心，好吗？"我边说边注意着学生们的反应，教室里是那样的安静，窗外鸟儿的鸣叫声不时传来。他们都盯着我，像发现了新大陆似的，静静地听着。在平时的课堂上，没有哪一个问题能让他们如此专注。

  同学们见我这样说，也不知道如何回答，只是愣在那里不知如何是好。我知道他们是被我反常的行为惊着了。见此，我继续说道："咱们这节课不是上课，是谈话、交流，交心！就是随便说说话，说什么呢？就从你接触的人事物开始谈起吧，比如，说说你读过的书，接触过的老师，或经历过的有意义的事等。"听我说完，孩子们仿佛明白了什么，一颗颗悬着的心也许放了下来，很快他们就三三两两地攀谈了起来。我听到有的同学在谈论我，有的说："语文老师今天怎么了？"有的说："语文老师真好！"也有的同学干脆直接聊起了他们的生活。只要不谈学习，孩子们就有说不完的话。看着他们畅所欲言，一片开心的样子，我想这就是润泽的教室该有的样子吧。可什么时候能把这样的氛围迁移到我们学习的课堂上呢？

  学生们叽叽喳喳地议论了1分多钟，我就叫停了。我真诚地说："同学们，咱们都是开学后刚刚组建起来的班级，也许我们只顾学习，还没来得及和同学们交流一下呢，难得有这样的机会，就让我们根据刚才的提示，敞开心扉，相互交流一下吧。"接着，我就把我身边的女生雪婷叫了起来说道："雪婷你先来说说吧。"我用温和的目光注视着她。她笑嘻嘻地站起来，却低着头一言不发。

  雪婷同学是一个基础很差的孩子，成绩在班里总是倒数一二。上学期我教过她，那时她从来不知道学习，总是和几个同学腻在一起乱搞事情。我不是她的班主任，但我也很关注她们几个，我不想看着她们就这样堕落下去。所以课后，我经常找她们几个到我办公室里坐坐，谈谈人生。她们似乎也不害怕老师，总能大大咧咧地和我说一些话。在别人眼里，她们也许是小小的女魔头，可和她们攀谈起来，我发现她们也很懂事。只是她们的心思不在学习上，闲得无聊，故而找点事"消遣"罢了。后来在我的影响下，她们真的有了很大的变化，最起码不再天天惹是生非了，她们还给我从家里带了一兜新鲜的红杏呢。看到她们的变化，我倒是更喜欢她们了。

  我原以为，我和她之间并不陌生，并且还有信任基础，更关键的是她是课堂上从不发言的学生，她不想发言，恐怕老师们也都把她给遗忘了。让她先来开口说话，这是一个很好的开端，你看，连课堂上从不发言的同学都能说话交流了，其他同学不就更容易放下包袱敞开心扉了吗？可是，她竟然没有直接发言。我鼓励她道："没事的，想到什么就说什么，这又不是回答什么问题。"她羞羞地笑着说："老师，我不会说啊。"我没有再继续勉强或鼓励她，我从她羞答答的表情中看出了她并不是故意不说话，也许是我们老师们把她遗忘得太久了，她早就忘记了在课堂上被人关注的感觉。我又第一个叫起了她，所有同学的目光都聚集到她的身上，她也许受不了这些灼热的目光，也许她那颗早就冷漠的心被我这突如其来炽烈的爱所消融了吧。也许她还因为激动而浑身战栗呢。先不管她了。

也许放在平时，我早已恼羞成怒，这样不是问题的问题你都回答不上来，难道你的思维不转了吗？可是我没有忘记我今天为什么上这堂课，不就是消除学生回答问题的畏难情绪，建立师生之间的信任关系吗？我又何苦为难这样一个学生。

接下来，其他同学的反应都还正常，虽然有的同学说话有点吞吞吐吐，但我能看出他们眼里的真诚。对他们的回答，我也都一一做了评价，并且大多是以认可的态度。

因为时间关系不展开叙述了。

三、课后反思

本节课我没有选择教材上课，但我依然不后悔我的选择。因为上完这节课，我明显感觉到了学生和我之间的距离拉近了，我看学生的眼神也不再那么冷漠了。教育就是"我看青山多妩媚，料青山见我应如是。"只有相互欣赏，相互信任，真正的教育才会发生。今后，我会尽力把这样润泽的课堂带到学科教学中。

"基于深度学习的初中语文新读写结合教学研究"之我见

一、读写结合的研究价值

杜甫诗云："读书破万卷，下笔如有神。"叶圣陶说："阅读是写作的基础。"人们对"阅读之于写作的重要性"从不否认，阅读是输入，是吸取，这是把阅读当作学习的主要渠道。西方理论一直认为："写作实际上就是阅读。"写作也是一种学习的方式。阅读与写作本是语文教学的双翼。这两者是一体两面，相辅相成，不可分割的。而现实，更多的语文实践中显现出来的却是阅读与写作的各自为政、各说各话。

我们的写作教学受种种因素的制约，如过于强调生活而忽略阅读的作文指导思想；应试教育的作文评价方式等，导致作文训练成效不彰。于是作文教学流于形式、陷入虚假。我们的日常阅读教学也"被一种虚假的分析教学所笼罩，就课文的基本内容反复提问，形成师生之间无数次的单个对话。其本质特点是所提问题没有思考价值，没有训练力度，学生的思维过程十分破碎，形不成学生体味课文、赏析文本的实践过程。"

在读写分离、各自为政的情况下，语文教学的"少慢差费"就成了一种必然。如何将读与写有机地结合起来呢？指向写作的阅读或以读促写的教学策略便是一条路径。它不仅能促进学生对文本的理解，而且能够引导学生学习经典文本的写作技法，提升读写能力，提高语文教学效率。

读与写的结合，首先要解决两个问题。一是如何读的问题。传统的阅读课，一般采取以内容理解分析为取向的"自下而上"式的阅读方式。这种阅读方式被文本的内容所障目，置语文的森林而不顾。夏丏尊先生认为："学习国文，不能只满足于内容，而要注意作者的文字以及他构造这些内容所用的方法，只学习文本内容的学习是徒劳的。"语言文字学与运用是阅读教学的基础性工作，也是语文课程的基本性质。

二是关于写作的认识。我们一般把写作当作一种创造性行为，而且写作就是写文章，作文就是整篇的写作。鉴于这样的认知，就窄化了写作的功能，读写结合是很难发生的，即使发生，也是牵强。真正的写作是很宽泛的，它可以是一种学习的方式，如做读书笔记、摘要、概述、读后感、文学评论、文字鉴赏等。潘新和教授提出了"写作本位"的教育观念，他说："写能使读时不明晰的变得明晰，能使思维精密化，感受词语化，思想条理化。"也就是说，写不仅仅是创造性地写，它也是另一种形式的读，即一种学习方式。

鉴于以上理解，再加上在有限的课堂时间里，我认为读写结合的课例可以有当堂训练式的微型写作；也可以是指向写作教学的分析讲读课，只是其训练放在了下一堂课或课后。前者是显性的读写结合，后者则是隐性的。

二、读写结合的策略与方法

读写结合的基本策略，我理解为是一种途径，可以有以下两种。

（1）从单篇入手寻找结合点，这是最常用的一种基本途径。

（2）从群文入手寻找结合点，这是最有效的一种途径。因为语言学习是一种"举三反一"，从量变到质变，从形象到抽象的过程。这样更符合学生的认知规律。

群文可以是课内的群文，也可以是课外的，还可以是课内加课外的。

读写结合的具体策略就是帮助学生建构阅读和写作的图式。读写结合中，读要有读的样子，读的内容，包括培养阅读技能。写也要有写的成分，写的目标，写的方法。就是让学生读时有方法，写时有依据，要摆脱那种自由创作、散漫写作的状态。

三、课堂教学中的读写结合点

（一）制约读写结合点是关于"教什么"问题的因素

读写结合点是关于"教什么"的问题，这是最具专业性的一个问题。其制约因素有以下方面。

（1）跟教师个人的语文专业能力有关。语文学科不同于其他任何学科，因为其他学科都有明确的教学内容，唯独语文没有。就一篇文章来说，其可以教授学习的内容有很多，但总要选择一点或几点。究竟要选择哪一点，不同的人便会有不同的选择，这都取决于个人的语文专业能力。同样，读写结合点的选择也是如此。

（2）跟文章的体式有关。不同体式的文本便有不同的特点，甚至同一体式的不同文本也会有不同的特点。这些与众不同的特点，便构成了不同文章各不相同的阅读图示和写作图示。这些不同的图示又影响着读写结合点的选择。

（3）跟年级教材目标和单元目标有关。

（4）跟学情有关。

（二）读写结合点选择的角度

理顺了这些关系，读写结合点的选择也就更合宜。但总的来说，读写结合点的选择可以从以下角度入手。

（1）从谋篇布局、写作思路入手。我们的作文，即创造性写作，就是要把对生活的认知写出来。而生活在我们的脑海中，只是一个印象、一团乱麻罢了。要想写出来，首先就得有一个明确的写作思路，或者知道一种写作图示。而理顺这个写作思路，必须经过艰难的构思。这是一般学生难以做到的。那给学生提供一些基本的写作图示就更较为可行。

当然，这种写作思路，可以是叙议结合的大思路，更应该是一种细致化的写作思路。例如《散步》中的，开头交代一笔，接着穿插一笔，然后铺垫一笔等。

（2）从典型段落入手。好多有特点的段落，如总分、分总、总分总等，以及人物描写的段落等，可以尝试仿写。

（3）从优美句子、句式入手。主要也是仿写。

（4）从关键词语，如生动准确的动词、陌生化词语等入手。

（5）从结尾或留白入手，依据原文进行创造性写作。

（6）从读后感入手。

四、课堂观评点

（1）读写之间是否联系密切。

（2）是否有读的指导。

（3）是否提供了写的图示。

（4）是否有写的指导评价。

《一棵小桃树》读写结合教学设计

——学习托物言志的写作手法

一、对读写结合的认识

读写结合教学的实施,一是要弄清楚,其目的是"以读促写",读是手段,写才是目的。二是要解决读写结合点的选择问题。三是能从一个例句、一篇范文拓展开去,即进行群文教学,向学生提供更丰富的语言材料,才能保证读写结合的有效性。其中读写结合点的选择是重中之重,因为一篇文章的教学内容是丰富多样的,从读写结合的角度来看,有的阅读篇目的篇章结构值得学习,有的表现手法或表达方法非常典型,有的句式特点十分突出,还有的是修辞手法引人注目等。我们在实施以读促写教学策略时,必须要明确读写结合点在哪里,才能保证教学的有效性。一般来说,篇章结构及表现手法的借鉴价值稍高一些。

二、读写结合点的选择

《一棵小桃树》是统编教材七年级下册第五单元的一篇文章,其读写结合点很多,例如:其主题意义非常明确,就是在逆境中奋进,这很容易引起人们的情感共鸣。从这个角度来说,可以让学生写读后感。其记叙的顺序是插叙,即由眼前之景之情触起过去之事,再回到现实,延伸到未来。从这个角度,可以教写作的顺序。另外,叠词及陌生化词语的运用,都可作为读写结合的点。但本单元的主题是学习托物言志的手法:体会如何运用生动形象的语言写景状物,寄寓自己的情思,抒发对社会、人生的感悟。所以,我把本课的读写结合点定在学习托物言志的写作手法上。

三、教学流程

（一）课前预习

1. 自读课文，疏通字词，并思考以下问题

（1）梳理小桃树的经历。

（2）这是怎样的一棵小桃树？

2. 自读以下阅读材料

《桃花》《雄鹰》《墨梅》。

（二）导入新课

（1）播放歌曲《好大一棵树》。

（2）谈谈听后的感受。

（三）对托物言志的认识

（1）根据情节深入感受小桃树的精神品质，师生交流。

根据这首诗的写作思路，教师提示一句，学生接一句。

咏小桃树

过去

你被埋在角落里

来年却拱出了一星嫩绿

你一出生就遭人冷落

奶奶不亲爷爷不爱

可你依旧默默地长了二尺高

后来啊

你被人遗忘了

却仍然弯着身子长到院墙高

即使被猪拱折还险些遭人砍

到底还是迈过了坎

而现在

你花开惨淡

蜂也不来蝶也不恋

孤独中你苦涩涩地笑

风雨中你片片花儿落

竟还枝头绽花苞

我想未来

你定是火灼灼喷喷香

（2）说说你眼里的小桃树是怎样的一种形象。

（3）草木本无心，因人显其志。

一棵小桃树，原本无知无感，怎么会变得顽强执着起来了？这是一种什么样的写作手法？

（四）托物言志的写法探究

（1）根据课前的拓展阅读材料《桃花》和本文，小组内交流讨论：利用托物言志的写作手法写作文，你可以获得哪些启示？

（2）展示交流。

（3）教师指导。

人与物的不期而遇，让物唤醒了人的某种精神、品格、思想、感情，便产生了顿悟。这是一种朦胧的感觉，在脑海中还是一团乱麻。要写出来，就得来一番梳理。

根据自己的所言之志，先写所托之物的外形特点，要细描一番，这是一种剖析。然后由表及里地点明所托之物的内涵。最后，升华，即将所托之物的内涵与人的志向建立联系。

（五）写作实践

请运用托物言志的写作手法，调动你的情感和想象，描述一种景物，争取把自己的情感与景物的特征融为一体，写一篇小散文，或一首现代诗，或一首古诗。

四、教师示例

咏小桃树

立根原在墙角中,
生来人嫌猪也拱。
回头笑看风和雨,
枝头抱香志未穷。

《紫藤萝瀑布》教学设计

——指向写作的隐性读写结合课例

一、创课缘起

读写结合可以分为隐性结合和显性结合两种。隐性结合是潜移默化的长期影响，它的目标是强化学生的作文意识，直指文心技巧。这种技巧不是老师能够传授给学生的，只能用例文感染学生；显性结合是指眼前看得见的，随学随用的结合。它因人因时因地而异，这是有关文字技巧的，是老师可以传授，学生能够学会的。

目前，语文课堂呈现出来的，大多是显性的读写结合。这种结合方式自有它的作用。但作文水平绝不是仅靠文字技巧就能解决的问题，它更多的是靠作文兴趣、作文意志、作文人格等文心技巧。鉴于此，我设计了这堂以文心技巧为目标的，指向写作的隐性读写结合课。

二、教学目标

（1）通过比较阅读，梳理分析出现代散文中托物言志这一写作手法的基本要素，掌握托物言志的写作图示。

（2）通过品读课文的具体语段，探究作文之道，感受文心技巧。

三、教学过程

（一）教学导入

齐读清代袁枚小诗：

苔

白日不到处，
青春恰自来。
苔花如米小，
也学牡丹开。

交流：生长在阴暗之处的苔藓，开出了如米粒样的小花，真的是因为向牡丹花学习的结果吗？作者为什么这样写？这是一种怎样的写作手法？你们会运用这种写作手法吗？我们这节课就通过课文《紫藤萝瀑布》来学习这种写作手法。

（二）教学展开

1. 比较阅读找要素

请浏览朱自清的《春》和宗璞的《紫藤萝瀑布》，思考：从整篇的角度看，两篇文章在写作内容上有何异同？

教学预设：学生应该能找到这两篇文章的相同之处是，都有写景状物；不同之处是，《紫藤萝瀑布》在结尾处，作者抒发了自己的感悟："花和人都会遇到各种各样的不幸，但生命的长河是无止境的。"

由此可以看出托物言志这一写作手法的两种要素，可总结为：写景状物打基础；阐明感悟显其志。

2. 细读课文找要素

过渡语：作者的人生感悟是在写景状物的基础上直接阐明了的吗？在这两者之间，作者又写了哪些内容呢？

（1）细读课文7、8、9三段，看看作者是如何写花和人的不幸的。

先看花的不幸。请找出写花的不幸的句子来，读一读，再用文中的词语说说花的不幸。

（2）花儿面对遭遇萎靡不振了吗？这种写法，把静态的花儿写成了动态的花儿，写出了花儿的变化过程，即花儿的经历。由此可以看出托物言志这一写作手法的另一要素：以物为事叙经历。

过渡语：花儿面对遭遇顽强地活了过来，那人呢？课文中有没有叙述人的不幸？

（3）请再读课文第7自然段，看看你能读出什么，或者你有何疑问？

我们再从作者的其他作品中找找她"焦虑"的原因。

屏显：

人道是锦心绣口，怎知我从来病骨难忍受。（《野葫芦引》）

在昆明时严重贫血，站着站着就晕倒。后来索性染上肺结核，休学在家。经历名目繁多的手术，人赠雅号"挨千刀的"。（《花朝节的纪念》）

我活着，随即得了一场重病偏偏没有死，许多许多人去世了，我还活着。（《1966年夏秋之交的一天》）

（4）从以上内容可以看出，作者"焦虑悲痛"的原因是生活的不幸，由此我们还可以总结出托物言志这一写作手法的另一要素就是要：连通生活抒感情。

小结：根据以上环节，我们可以总结出托物言志这一写作手法的四大要素，即托物言志的写作图示。

板书：

> 写景状物打基础，
> 连通生活抒感情。
> 以物为事叙经历，
> 阐明感悟显其志。

3.探究作文之道

过渡语：课文学到这里，我们是不是就会运用托物言志这一手法进行写作了呢？我认为只要掌握了这一写作图示，就应该会写了，但能不能写好就很难说了。作者之所以能写出如此经典的文章绝对不是因为她掌握了这一写作图示，那是因为什么呢？

（1）心灵敏感力。

① 先来看看作者是如何写景状物的，读读1～6自然段，你们认为作者何以能把紫藤萝花写得如此活泼、盎然？

预设：细致的观察、运用多种感官

真的是靠肉眼的观察就能写好吗？

屏显：

苏联作家爱伦堡说："若作家的艺术在于观察，那医生、侦查员就是最优秀的作家了。"

世界上还有大量的像海伦·凯勒一样的盲人作家，他们也能写出精彩的文章，这又作何解释？

② 带着疑问，再读1～6自然段，画出作者靠感官得来的内容。你们有何发现？是不是大多数句子或内容都不是靠感官得来的？那是怎么写出来的呢？——心灵敏感力，来自人的第二世界。

屏显：

因为我们都是人，所以我们应当拥有两个世界。这两个世界，一个是看得见、摸得着、听得到的物质世界，一个是看不见、摸不着、听不到的精神世界。

屏显：

（例文《静夜遐思》）

小结：写作，就是将人的目光从一目了然、众所周知的第一世界引向沉潜的、独特的第二世界。人的第二世界靠的就是心灵敏感力。而心灵敏感力又来自一个人的写作兴趣和写作意志。有了这两点，你才愿意为写作而绞尽脑汁、苦思冥想、披肝沥胆，你才能如苔花一样展示出最美丽的自我。

（2）宽广博大的胸怀。

① 王国维在《人间词话》中说："以我观物，故物皆著我之色彩。"想想作者在见到紫藤萝花之前的心情？在这种心情下，作者又何以能写出如此昂扬向上的文章来？这说明她本身就是一个什么样的人？

屏显：

胸怀豁达、心灵温润、思想乐观。

② 这又是一种怎样的境界？

屏显：

横眉冷对千夫指，俯首甘为孺子牛。

——鲁迅

万物静观皆自得，四时佳兴与人同。

——程颢

须将幕席为天地，歌前起舞花前睡。

——苏轼

我见青山多妩媚，料青山见我应如是。

——辛弃疾

读书之乐乐何如，绿满窗前草不除。

——周敦颐

小结：法国作家福楼拜说："包法利夫人就是我。"由此可见，作家写的东西，本质上都是……写自己的心灵。这是一种写作人格。而写作人格又跟一个人的生活经历和阅读经历有关。

（3）现象思辨力。

再来读一下作者的人生感悟："花和人都会遇到各种各样的不幸，但生命的长河是无止境的。"思考一下：这种人生感悟是靠什么能力写出来的？——现象思辨力。

小结：这种思辨力靠的是对生活的感悟与思考，只有用心生活，不浑浑噩噩、得过且过的人才会静心思考，记住一句话：静能生慧。

(三) 总结

课上到这里，我们来总结一下，关于托物言志的写作图示是写作技巧方面的，唯有技巧可以传授，但真正的作文之道则是和写作兴趣、写作意志、写作人格有关，这是老师所不能传授的，它只能靠自己去磨炼。请记住，没有写不好作文的孩子。

最后，送给同学们一句话：热爱生活，热爱生命，热爱读书，让自己拥有一颗温润而博大的心。

基于"学习共同体"理念下的课堂教学设计

——以《秋天的怀念》教学设计为例

《秋天的怀念》是部编本七年级上册第二单元的第一课,这一单元的学习重点是体验亲情,丰富自己的情感体验及在体会文章情感中学习朗读。这是一篇精读课文,紧扣本单元的学习重点,为接下来几篇文章的学习打下基础。

这篇课文的作者史铁生是当代中国最令人敬佩的作家之一。在他21岁的时候,突然得了一次重病,导致高位截瘫。也就是在那一年,他的母亲去世了。后来,在他的许许多多的文字里,都写到了他的母亲。母爱这个主题,史铁生一直是牵肠挂肚的,纵观他的成长之路,其实就是母亲用生命的代价铺就的,因为他对母亲的理解是在母亲去世以后,这也成为作者心中永远的痛。在一种追切的愿望中,使他对母亲的理解升华为世界上最为动人的诗篇。

《秋天的怀念》便是这样一篇怀念母亲的文章,作者通过回忆的方式,把生活中的小事串联起来,写出了自己在瘫痪时,怀着博大无私之爱的母亲是怎样细心、耐心、小心地照顾自己,越是细细品味,我们越是能深切地感受到,他因自己的残疾而忽视母亲病痛的追悔,对母亲深深的怀念,和由此而重燃的生命勇气与信心。

教学《秋天的怀念》这篇文章,旨在把学生引向史铁生丰富的精神世界,引向对母爱内涵的深层诠释,引向对活着意义的深层追寻。作者以极其凝重的笔触,通过回忆母亲细致入微的照顾,鼓励儿子好好活下去的故事,讴歌了伟大母爱,并表达对母亲深深的怀念,同时也带给人们无限的思考和人生的启示。

有些语言,表面上是一层意思,事实上还暗含着另一层意思;有些词语,孤立地看平淡无奇，但放在一定的语言环境中，一下子变得别有情味。这就是语文教学的魅力。本文的语言，表面看上去非常平实，朴素通俗，但许多语言值得反复咀嚼。

初一的学生经过小学阶段的学习和初一第一单元的学习，已经具备一定的朗读能力和感知能力，能在朗读过程中初步感知文章的感情基调。学生要理解课文的内容和主题并不难，关键是如何使学生在把握母爱这一主旨的基础上，让学生感受到母爱的熏陶与感染，感悟人间真情。

基于以上分析，我把本课的教学目标定为以下三类：

A类

基础性、阶梯性目标，有为核心目标搭梯的知识，有必须解决的障碍性知识。

（1）掌握本课的生字词。

（2）能较流畅地朗读本文，初步感知文章的内容及主题。

（3）知人论世，了解作者的一些基本情况。

B类

教学核心目标，即课堂重点教学的内容，一般是单元所规定的知识与技能。

（1）从母亲的动作、语言、神态这些细节描写来感悟母爱无私、博大、宽容的特点，激发学生的感恩情怀。

（2）正确、流利、有感情地朗读课文，能够用一定的速度默读课文。

C类

（1）学会小组交流意见，分享观点，并通过讨论修正观点，形成更合理的观点。

（2）反思自己在亲情沐浴下的表现，学会感恩，健康成长。

预习单

1. 阅读以下材料。

本文的写作背景：《秋天的怀念》这篇课文的作者史铁生是当代中国最令人敬佩的作家之一。代表作有：《我与地坛》《合欢树》等。他的创作比较突出地表现出对于残疾人命运的关注。有的作品反映了他对社会与人生的某些带有哲理性的思考，语言优美，具有很强的表现力。在他二十一岁的时候，突然得了一次重病，导致高位截瘫，也就是在那一年，他的母亲也去世了。后来，在他的许多文章里都写到了他的母亲，纵观他的成长之路，其实就是母亲用生命代价铺就的。《秋天的怀念》便是怀念母亲的文章。在此文中，作者借助对几件平常小事的细致描写，来表达母子之间的似海深情，歌颂了伟大而无私的母爱。

是高位截瘫作家史铁生，为纪念多年关心体贴自己却突然去世的母亲而写的一篇催人泪下的课文。文中我的暴怒、对生活的无望和母亲的宽容、坚强形成强烈对比，打动人心。怀念自己的母亲之情。

2. 自读课文至少三遍，完成以下任务。

（1）标注段落标记，疏通生字词，初步感知文章内容。

（2）想一想，用下列句式说说对文章的认识。

这是一篇关于_____的文章。

提示：可以从文章内容（写了什么）；文章形式（怎么写的）；文章主题（为什么写）三个角度来考虑。

（3）读完文章后你还有什么困惑，请把自己的问题表述出来。

学习单

一、学习规则与方法

（1）调整座位，与自己的好朋友坐在一起，以最舒适的方式坐好，与同伴握手，轻声细语地交流。

（2）认真阅读和思考，遇到不懂的地方，请随时向同伴或老师询问或提问，会提问的人最会学习。

（3）当同伴发表观点时，转向同伴，认真倾听，不插话，用心思考，对重要的观点加以记录和补批，当对方表达完毕，再有礼貌地进行回应或质疑。

（4）疑难问题四人研讨，轻声细语，每个人轮流发言，既不独享话语权，也不要沉默不语，同伴在阐述观点时，认真倾听、用心思考、随时记录。

（5）公共发表（全班交流）阶段，发言的伙伴尽量面向所有人，结合文章的具体内容或根据所讨论的问题，清晰地表达自己的观点，倾听的伙伴尽量转向发言的伙伴，耐心倾听、用心体会，随时用不同颜色的笔进行补批，伙伴发言完毕后，随时可以举手发表自己的看法或者提问。

二、学习任务

（1）用自己喜欢的方式阅读课文，找出能体现"母爱"的词语、句子或段落，边读边勾画批注，写出自己的理解（句子的言外之意），这是抓住细节做具体分析，然后总结出来。

可参考以下句式：

本句话运用_____人物描写（动作、语言、神态、心理、外貌）写出了_____。

例如：母亲在我发怒时，就悄悄地（母亲理解我瘫痪后痛苦的心理，她也没有更好的办法来消除我的痛苦，只好躲出去，让我发泄一下，她认为这样会让我好受一点。这是一个多么善解人意的母亲啊）躲出去，在我看不见的地方偷偷地［母亲还是放心不下我，怕我想不开，寻短见（自杀），于是就时刻关注着我，这是一个多么细腻的母亲啊］听着我的动静。当一切恢复沉寂，她又悄悄地进来，眼边红红的（写出了母亲可能在外边偷偷哭过，她为儿子的痛苦而痛苦，也为自己的无奈而痛苦，真是可怜天下父母心啊），看着我。

本句话运用动作、神态描写，写出了一个能体谅人、心思细腻、无奈而又痛苦的母亲形象。

要求：先自主分析10分钟，然后全班交流。

（2）假如为本文配上一段背景音乐，你会配上什么基调的音乐，请说明理由。

我会配上一种_____基调的音乐，我的理由是：_____。

听了同伴的观点后，你有哪些新的想法：_____。

作业单

（1）练习本课生字词，准备听写。

（2）运用合适的人物描写，写一则和亲情有关的日记，可以表现自己成长中的不成熟。

（3）阅读史铁生的其他作品（部分学生已购买了他的书籍）。

《狼》创意教学设计两则

第一环节：对对联

（一）创意设计内容

请结合课文内容及主题，根据上联对出下联，再加一个横批。

（二）创意设计示例

对联：

屠遇两狼惧‖投骨退让无果‖急中生智奋起反抗‖传佳话；

两狼缀行远‖得骨不止仍从‖贪婪狡诈自取灭亡‖添笑料。

横批：

从作者情感的角度可拟为：爱憎分明。

从内容主题的角度可拟为：多行不义必自毙或善恶终有报。

（三）创意设计说明

蒲松龄《狼》的故事，其情节，一波三折，险象环生，扣人心弦。其内涵丰富，主题鲜明，作者的情感也尽显其中，就是蔑视和讽刺像狼一样贪婪无度、阴险狡诈的小人，颂扬面对恶势力敢于斗争、善于斗争，具有勇气和智慧的人。可如何让学生感受到情节的波澜和鲜明的主题？传统的做法，还是让学生概述或复述故事，这样的训练活动思维含量低，方法陈旧，学生不感兴趣。反之，用"对对联"的方法，教师出示上联，给学生搭设好梯子，再让学生对出下联，则具有以下好处：

（1）能使学生形象地感受到情节的跌宕起伏及主题的鲜明深刻；

（2）能使学生咬文嚼字，得到很好的语言训练；

（3）这是一种极具思维含量的智力游戏；

（4）这也是对中华优秀传统文化——对联的一种习得与传承。

第二环节：咬文嚼字

（一）创意设计内容

请结合对屠户和狼的形象感知，用文中的一个字或一个词试着加以品析。

（二）创意设计示例

"缀"，是紧跟的意思。一个缀字写出了狼不达目的不罢休的险恶用心，突出其贪婪。

"暇"，是从容悠闲的样子。写出了狼在当时故意迷惑对方的样子，凸显了其狡诈。

"复"，是又、再一次的意思。写出了当时屠户胆怯退让的心理。

"暴"，是突然的意思，写出了屠户抓住时机，果断出手，奋起反抗的样子。

（三）创意设计说明

蒲松龄的《狼》，虽然故事篇幅短小，但文笔简洁、生动，且不乏细腻描写之处，淋漓尽致地展现了狼和屠户的形象特征。读来，狼的贪婪狡诈，屠户前期的胆怯退让和后来的冷静果断、机智勇敢，无不活灵活现，跃然纸上。语文学习的一个规律就是从语言到言语，即从内容到内容是如何随着语言铺展开来的。学生感知狼和屠户的形象特点并不难，难的是，这样的形象特点是如何写出来的。抓住一句话或一段话来感知形象也不难，难的是，通过一个字或一个词就能感受到人物的形象特点。这就是咬文嚼字的功夫，这就是语文学习的主要方法之一。

《皇帝的新装》创意教学设计一则

第一环节：说一说

（一）创意设计内容

请根据三句话读书法（这篇文章写了什么？怎么写的？为什么写？），说一说《皇帝的新装》是一篇什么样的文章。角度很多，关键在于你读出了什么。

建议大家这样说：《皇帝的新装》是一篇_____的文章。

（二）创意设计示例

这是一篇所有大人都被骗的文章。

这是一篇表面看起来滑稽可笑，但笑过之后又令人深思的文章。

这是一篇揭露人性之丑的文章。

这是一篇具有讽刺意味的文章。

这是一篇永不过时的文章。

这是一篇故事情节看起来单一却又一波三折的文章。

这是一篇充满想象力的文章。

这是一篇运用夸张手法来塑造人物的文章。

这是一篇语言通俗易懂的文章。

这是一篇语言描写异常精彩的文章。

这是一篇有详有略的文章。

这是一篇有线索的文章。

……

（三）创意设计说明

阅读教学，从整体感知到细节赏析，再到拓展运用，这是一般的教学思路或教学流程。那如何进行整体感知？不同的文体，不同的文章，感知的方法和角度也就不尽相同。故事性较强的文章，一般采用概括或概述故事的方法。我认为这仍然是属于"一望而知"的内容，思维性也略显薄弱。而用"《皇帝的新装》是一篇＿＿＿＿＿＿＿的文章"的方式来整体感知课文，就为学生打开了一个认识这篇课文更加广阔的空间，学生可以从文章的内容、写法、主题等角度多元化地感知课文。在交流碰撞中，学生对课文的认识也会更加全面而深刻。

第二环节：赏一赏

（一）创意设计内容

请根据以下提示，选出自己感兴趣的点，对课文进行赏析。

（1）透明的故事情节。

（2）精彩的语言描写。

（3）故事里的人性之丑。

（4）故事中生活的影子。

（二）创意设计示例

1. 透明的故事情节：骗

提示：请用一个字概括本文的故事情节。

2. 精彩的语言描写

提示语在中间的写法，顺延并推进了故事情节的发展；夸张手法的具体展现；口语化语言的运用，令故事通俗易懂。

提示：找出文中的语言描写，认真读读，说出自己的发现。

3. 故事里的人性之丑

被利益蒙蔽了双眼，自私自利是根源。

提示：小组讨论，通过现象看本质，所有大人都甘愿被骗的因素有哪些？

4. 故事中自己的影子

提示：反思，现实生活中有没有"皇帝的新装"？你自己有没有欺骗过自己？

（三）创意设计说明

1. 选点赏析的理由

因为人的知识背景、生活阅历不同，读同样的文章，认识也就各不相同。让学生找出自己喜欢的赏析点，实际上就是尊重了学生的差异性。另外，在有限的课堂时间里，学生的关注点往往比较单一，关注了这一点，可能就没有时间和精力关注其他。因此，让学生进行选点赏析，也是对实际学情的考虑。

2. 问题选择的理由

之所以选择这四个点，是因为它们之间存在着逻辑性：这样的情节是用怎样的语言写出来的，作者写这个故事的目的是什么，它跟我们的现实生活又有怎样的联系。

评郑桂华老师的《安塞腰鼓》

——寻找文本的交集点

《安塞腰鼓》是一篇标准的散文，但散文和散文不一样。散文是"触角最灵敏"的一种文类，其特征是无特征、无规范，每一篇散文都有其不同的教学内容。《安塞腰鼓》被称为"艺术散文"或"风情—神韵散文"，它的特点就在于作者用震撼性的语言、精心雕琢的语言真实生动地表达出了自己对安塞腰鼓的独特感受。根据文本特质，本文的教学目标应定为通过品味鉴赏语言感知安塞腰鼓的特点。正因为郑桂华老师对文本有着正确而深刻的理解，所以在课堂教学中才有了如下"交集点"的把握。

（1）用直观性的录像唤起学生对描述对象——安塞腰鼓的感受。

这一交集点是郑老师在充分了解学情的基础上，精心预设，面对学生的困惑提出来的。

郑老师从检查学生预习入手，发现学生仅仅停留在标记段落序号、圈画生字词的层面，甚至大部分同学都没有朗读过。在这种情况下，学生是感受不到安塞腰鼓特点的。郑老师在备学情时就考虑到了这一点，甚至考虑到即使学生朗读过文本，也依然不能准确地感受安塞腰鼓的特点。因为她是在给江南杭州的学生在上课，而安塞腰鼓是西北地区陕西的事物。地域的差异导致学生对安塞腰鼓感知的模糊是很正常的。在这种情况下，郑老师播放了一段安塞腰鼓的实况录像，这极容易拉近学生和描述对象的距离，也就不难唤起学生对安塞腰鼓的感受了。

接下来，学生们畅谈观后感受，郑老师板书学生的感受：野气、热烈奔放、整齐、雄壮、壮观等。从学生们的发言表现看,郑老师对这一交集点的把握非常到位。

(2)圈画出能强烈传递安塞腰鼓奔放特点的句子,并想一想,为什么是这些句子,它们在句式上有哪些特征?

在学生观看录像,感受到了安塞腰鼓的气势之后,郑老师要求学生带着这种感觉自由朗读课文,并希望同学们能有新的感觉。这样处理是为了让学生的关注点从事件转移到文本,这符合语文学习的本质。但等学生朗读完之后,却发现学生们根本说不出新的感受,教学似乎出现了僵局。也就是说,学生们在学习上又陷入了新的困惑。在这种情况下,郑老师又提出了新的问题:圈画出能强烈传递这种感觉的句子。这一要求,任务明确,难度降低,学生容易完成。但这恰恰是本课学习中的一个交集点的处理。因为语文学习,尤其是阅读教学,最重要的事情就是把自己的感觉用语言描述出来,把自己的思考用语言描述出来。学生在勾画自己对安塞腰鼓那种感觉的句子时,是让学生的关注点从事件更深入地转移到文本,同时也是为下面的教学——品味语言打下基础。

在学生圈画出一些句子之后,郑老师让学生想一想,为什么是这些句子,它们在句式上有哪些特征?有学生感觉有点难,于是郑老师再次调整策略,提示学生可以从句式、词语选用的角度进行思考,并让学生四人一小组讨论交流。这是引导学生对自己感觉的反思,反思的结果是发现了句式和词语运用的特征,同时也让自己的感觉进一步清晰明了。

这里的交集点主要体现在,学生在朗读之后,不能说出自己新的感受,实际上就是对语言文字的感知不到位。而本课的学习重点就是通过感知语言文字了解安塞腰鼓的特点,这里面隐含的学习知识是排比、拟人等修辞知识,还有准确用词的技巧等,实际上就是学习语言文字的运用。于是老师用"圈画出能强烈传递安塞腰鼓奔放特点的句子,并想一想,为什么是这些句子,它们在句式上有哪些特征?"这一问题把学习中的矛盾聚焦起来,同时也触发了学生原有的认知经验,因为赏析句子是大部分初中生都比较熟悉的知识。最终,在老师的引导下,学生解决了这一问题,并获得了知识。

一堂灵动飞扬的语文课

——《看云识天气》课例评析

读王君老师的《看云识天气》课堂实录，那真是不忍卒读，常是读一段就击掌拍案、呐喊狂呼，又或是踱步徘徊、沉浸其中。真是令人快哉！你看那一环又一环的精彩扑面而来，直击心底，令人目眩神迷、心荡神驰。那感觉岂是一个妙、绝所能言尽？那是灵动飞扬，那是开合有度，那是厚重婉约，那是美和力的展现……具体妙处，且容我慢慢道来。

一、取舍得当

语文课无非就是一个"教什么"和"怎么教"的问题。我们常说"教什么"比"怎么教"更重要，这是就教学目标而言的。如果目标设定错误，教成了非语文，那是耕了别人的田，荒了自家的地。如此而言，任你"怎么教"都是南辕北辙。王老师在确定教什么的时候，就已根据文本特质将目标指向两点，一是说明语言；二是说明条理。就其选择性非常恰当，富有语文味。

更重要的是，王老师又进一步做出了取舍，只选择"说明条理"来教，这是走向深度的语文教学之前提。我们的语文教学之所以少慢差费，备受诟病，其主要原因在于我们的教学内容只追求广度，不追求深度。课堂面面俱到，恨不能把所有知识都塞给学生，表面看上去什么都教了，实际上什么都没有教。

其实，一节语文课不必面面俱到，如果我们无力整合教材、开发课程，至少我们要做到学会取舍，选择一课一得，以保障学生学得充分、学得有效。

二、活动充分

课堂,是由教师教的活动和学生学的活动相互交往构成的。本堂课,王老师采用了板块式教学,一共分为五个板块,但这些板块之间又是步步为营、逐渐深入的。前四个板块的学习方式基本一致,以第一个板块为例来说明活动的充分性。

(一)教的活动

第一个板块是"宏观看全篇骨架"。教师教的活动是,先提供方法"全篇提炼",怎么个提炼法?先给出具体提示:

(1)提取全文关键词两个或者五个。

(2)用标题概括全文内容。

(3)用文中的一个关键句概括全文内容。

(4)用几个关键句概括全文内容。

(5)缩写课文,只保留最核心最关键的信息。

接下来,据此框架,王老师一边和学生交流一边又给学生讲解。

教师的认识有多深,学生的学习就有多深。这牵扯到一个文本解读的问题。在这里王老师展示出了其深厚的文本解读能力。只有把教材读透,才能把教材教薄。如此一来,才能"以己昭昭,使人昭昭"。所谓教的活动,不是灌输,而是诱发、引导学的活动,就是为学生搭建起学习的梯子,或者唤起学生的生活经验,或者为学生补充语文经验,给学生提供阅读或理解的路径。

在这一环节,教师教的活动,就是用PPT展示,最多用时不过三分多钟。

(二)学的活动

一堂好课的标准之一,就是"学的活动的"充分展开,即学生有充分学的时间,又有充分展示的时间。

在这一环节,学生学的活动有:

(1)读PPT,学习方法。

(2)运用方法,阐释自己的理解。

(3)与教师互动,纠正自己的理解。

（4）当堂训练，活用分类别的说明方法。

（5）当堂展示，与他人交流，相互补充。

整堂课，大部分时间学生都处于积极思维的状态，这就是以学的活动为中心的课堂，就是以学生为主体的课堂，就是最有效的课堂。

三、对话深入

语文课程改革大力推行对话教学，对话需要教师的引导。教师的主要作用就是营造一种和谐润泽的对话氛围，能使学生放下包袱，敞开身心，进而使学生迸发出智力的火花。

（一）深入在恰当的引导

当王老师让学生用分类别的方式给演员们分类时，一生一时语塞。如此简单的问题，学生竟回答不出来，王老师没有不满，而是说："我帮你，按男演员和女演员分类。"一语惊醒梦中人，接下来学生思路顿开，竟说出了好多种分类。教师的作用不就是引导学生打开思路吗？这一环节最后"全场师生都笑了起来，会场内外充满着快活的空气。"面对学生奇葩而有理由的分类，王老师也幽默了一把："希望他们永远不要结婚。"如此一举，更拉近了师生之间的情感距离，为课堂走向深入打下了基础。

（二）深入在艰难的对话

在对话教学中，对话的过于流畅，反映的是教师的提问新意不够，难度不大，师生思维交锋的力度不够。这样的课堂即使热闹活泼，也难逃低效的魔咒，因为它可能只是优秀学生的舞台，无法承载更多学生的参与和成长。而王老师的课，恰恰是面向全体的，于是才有了课堂上的艰难对话。

在课堂的第二环节，王老师让学生用"纵式前行看发展"的思路，结合几个关键词来介绍演员周迅的发展之路时，就专门找了一个"眼神躲闪"的学生，这个学生如果没有特殊情况，基本上是可以判断为"学困生"的，展示课上，一般老师也是"躲闪"这种学生的。可王老师没有，她在和该生对话时，该生突然沉默了，王老师依然是不急不躁，让他猜一猜，最终学生回答了出来。我想，王老师给予了该生以极大的自信，并唤起了该生学习的热情。

像这样的课堂对话还有很多，比如："你的思路不对""你要调整一下"

等，面对学生的回答，教师不给予肯定（这是一般展示课上，很多老师做不到的），也不急于否定，而是耐心引导，艰难对话。如此才有思维的发生，学习的发生。

妙哉王君，美哉语文，快哉网师。

析词润句字必从　勾前联后文自顺

——作文"文从字顺"指导教学设计

一、训练目标

（1）结合一些常见病句，树立准确用词的意识，掌握准确用词的方法。

（2）结合经典文段，树立行文连贯的意识，掌握行文连贯的规律。

（3）树立写后朗读修改的意识，培养推敲词句的习惯。

二、指导过程

（一）导新课，明目标

（1）"尊敬"的同学们，今天我们就刚刚写过的《有你，真好》作文，上一节作文修改课。

根据同学们的反映，引出：无论是口头表达还是书面表达，一定要准确，否则就会闹出笑话。今天，我们就通过这节作文修改课，让自己的文字变得更加从顺。

（2）出示学习目标。

（3）解释文从字顺：就是文章通顺，它是人们对书面表达的基本要求，即要做到：用词准确，表意明确；句子连贯，思路清晰。

（二）找问题，知方法

（1）屏幕显示一些典型的病句。请大声朗读这些句子，说说它们出现的错误。

① 我不经意地看见车把上那双手不再是温暖的，不再是慈祥的。

② 妈妈今天打扮得花枝招展。

③ 我们的老师像狐狸一样聪明。

④ 周末，我和同学们欢聚一堂，尽享天伦之乐。

⑤ 见面后，便去宿舍拿行李了。之后我们便骑车前往家中了。

（2）学生谈，师生共同明确。

小结：从"析词义、思褒贬、巧搭配、看身份、不啰唆"五个角度去修改字句错误。

（三）清思路，正态度

（1）以上几个类型的病句，我们可以用这种方法来修改。再看看下面这些病句，都是从我们这次作文中挑出来的。请放声读一读，思考它们的通病？又该如何修改？

① 今天，我早上迷迷糊起来，发现爸爸妈妈出去了，我心想，是去干什么的了呢？我去干活了，还是出去玩了，我非常烦恼，直到爸爸妈妈回来，我才好了。

② 我与朋友决定这次五一假期。

③ 为此，我精神准备了惊喜。

④ 一大早，正在做梦的我被一阵急促的电话铃声把我吵醒。

⑤ 今天，周五放了假，本以为可以回家，可到姥姥时，门开着的，原本以为小偷，进去一看，姥姥出院了。

⑥ 那时，憔悴中带有幼稚的我在车子后面顽皮地喊道："……"

⑦ "作业写完了吗？要不要和我去买东西？"看着屏幕里的你，我不免想起一些往事。

（2）学生分析。

（3）教师展示。

法国作家福楼拜说："我们无论描写什么事物，要表现它，我们必须继续不断地苦心思索，非发现这个唯一的名词、动词与形容词不可。唯有一个名词；要赋予它运动，唯有一个动词；要得到它的性质，唯有一个形容词。不能因为思索困难而去用类似的词语敷衍了事，仅仅发现与这些名词、动词或形容词相类似的词语是不行的。"

小结：要做到文从字顺，最关键的是要端正态度，厘清思路，心口如一地表达。

（四）学经典，懂规律

（1）以上几个环节都是从遣词造句的角度来学习文从字顺的，其实这仅仅是文从字顺的基础，真正的文从字顺，还要从谋篇布局来考虑。

请看下面一段话：

高邮咸蛋的特点是质细而油多。蛋白柔嫩，不似别处的发干、发粉，入口如嚼石灰。油多尤为别处所不及。鸭蛋的吃法，如袁子才所说，带壳切开，是一种，那是席间待客的办法。平常食用，一般都是敲破"空头"用筷子挖着吃。筷子头一扎下去，吱——红油就冒出来了。高邮咸蛋的黄是通红的。苏北有一道名菜，叫作"朱砂豆腐"，就是用高邮鸭蛋黄炒的豆腐。我在北京吃的咸鸭蛋，蛋黄是浅黄色的，这叫什么咸鸭蛋呢！

（2）师生交流这段话的写作规律。

预设问题：这段话是仅仅围绕哪句话展开的？先写的什么，再写的什么？顺序能否颠倒？为了使行文连贯，文意是如何连接起来的？

小结：文从字顺要有中心意识，围绕中心合理安排写作顺序，还要使用过渡句、关联词把文意联通起来。

（五）改一改，提能力

（1）请运用本节课所学的知识，大声朗读下面的作文，试着修改一下。

上星期，我与我的班主任吵了一架。原因是我的后位经常欺负我，而班主任却从来不管。虽然我不止一次两次与班主任说，但班主任只是敷衍了几句罢了。我与班主任吵架的时候，班主任总是重复这几句话儿，每句话都有不同的含义，字字诛心，正所谓以彼之道还彼之身。虽然现在是女尊男卑，造成这种状况也是有年龄的，以前不是重男轻女吗？以前，但现在对这个问题想了又想，你们没有经历过重男轻女，为什么还要让我们经历女卑男尊呢？即使经历过，你们也不应该将你们找回的封建意识转化为伤害，打压在我们的身上。

但是我还是想说，父母是我们永远的靠山，妈妈，有你真好。

（2）学生展示交流。

小结：学了一节课，到底如何才能做到文从字顺呢？请记住以下口诀，大声读三遍。

态度端，用词准，有中心，明顺序，

过渡关联加照应，文自从来字也顺。

（3）作业布置：课下，再用本节所学知识，修改自己的作文。

倾诉有对象　表达有目的

——作文"读者意识"教学设计

一、训练目标

（1）结合语境，能说出一些句子表达的问题。

（2）能根据倾诉对象得体地表达。

（3）根据教师指导，能有目的地表达自己的思想感情，凸显表达意图。

二、指导过程

（一）导入读者意识

（1）请阅读语文课标中的这句话，看看写作的目的是什么。

屏显：

懂得写作是为了自我表达和与人交流。

（2）再请同学们读下面的句子，看能发现什么问题。

屏显：

乡下爷爷收：

周末，姐姐带我去万达广场，玩了一天。

周末的语文作业是什么？

（3）教师为这两句话创设情境，与学生交流问题所在。

小结："乡下爷爷收"是《凡卡》的结尾句，这句话本该是写在信封上给邮递员看的，因目的地不明确，他爷爷是无法收到这封信的。这是没有表达清楚。

"周末，姐姐带我去万达广场，玩了一天。"这一个学生的日记，他写的是一篇流水账，我稍微简化了一下。这种日记，只写表面现象，毫无意义，读来无趣。其原因就是写作目的不明，不知为何而写。

"周末的语文作业是什么？"是学生在班级群里@老师问的问题。平时一个很有礼貌的孩子，在书面交流中，却给人一种没有礼貌的表现，读来令人不舒服。这是忘记了交流对象。

写作的目的，一是自我表达，二是与人交流。表达要清楚，要有目的，与人交流要看清对象，表达不清，或没有目的，或缺少对象意识，这些都是缺少读者意识的表现，都会削弱我们的表达效果。

（4）明确。

屏显：

读者意识：写作时，心中要有设定的阅读对象和明确的表达目的，以及有利于读者接受和目的达成的表达方式。

（二）带有"阅读对象"的表达训练

（1）思考：如果你忘记了周末的语文作业，你该如何向同学或语文老师询问？请选择一个对象，说一说。

（2）展示交流，指导评价。

小结：与人交流，无论是书面的还是口头的，都要考虑对方的身份特征，选择得体的语言与之交流。简单一点说，就是见什么人说什么话，到什么山上唱什么歌。这不是圆滑世故，而是礼貌修养。

（三）带有"写作目的"的表达训练

（1）回忆《走一步再走一步》这篇课文，思考最后一段能否删去？

屏显：

文学就是，使看不见的东西被看见。

（2）请修改"周末，姐姐带我去万达广场，玩了一天。"这篇日记。要突出写作目的。

（3）展示交流，指导评价。

小结：要想突出自己的表达目的，除了叙事清楚外，还要增加一些抒情、议论性的语言。要能有透过现象看本质的思考力。

（四）读者意识写作训练

（1）请以"_____，我想对你说"写一篇文章。

（2）请根据以下提示完成写作提纲。

屏显：

1. 我的读者是_____，读者的年龄为_____，估计知识层次为_____，性格特点是_____，因此，适合用_____风格的语言。

2. 我写此文的目的：_____。

3. 我现在是以_____的身份与这个读者进行对话。

4. 因此，我这篇文章分这样几层意思写：_____。

（3）在完成写作提纲的基础上再完成作文训练。

（4）展示交流，评价指导。

（五）总结

屏显：

请君当执笔为文的时候，第一，不要忘记有读者；第二，须努力以求适合读者的心情，要使读者在你的文字中得到兴趣或愉悦，不要使读者读着厌倦。

——夏丏尊

写作练习是为了应用，其实就是应用于这种种假想的读者。写作练习可以没有教师，可不能没有读者。

——朱自清

心中要有读者，要找到笔下的读者，锁定读者，就迈出了写好文章的关键一步。

《布局谋篇》教学设计

—— 凡事预则立，不预则废

一、导入教学

古人云，凡事预则立，不预则废。就是说，不论做什么事，事先有准备，有计划就能得到成功，不然就会失败。那放到文章写作中，我们又该做何准备，列何计划呢？

二、教学展开

（一）读资料，明含义

请同学们阅读课本《布局谋篇》的内容，用自己的话说一说你对"布局谋篇"的理解。

明确：根据作文要求，结合自己的生活经验，选择梳理材料。列出框架：根据选择的材料，进一步明确写作思路，即先写什么，再写什么，什么详写，什么略写，如何开头收尾，如何衔接过渡。写出提纲。

（二）创情景，理材料

我们学校刚刚举行完"安全演练"活动，如果让你来写写这次活动，你觉得有哪些事可以写？哪些事最值得写？请列出框架。找学生分享交流，教师借机指导。

明确：地震感受、文明交通、穿越火海、溺水抢救、高楼逃生、穿越迷宫。

小结：这是本次安全演练的六个项目，这么多活动项目需要一一写出来吗？请阅读下列材料。

（三）读教师下水文《记一次安全演练》，找规律

安全演练课的课程丰富多彩，主要有穿越火海、行走迷宫、溺水抢救、高楼逃生以及道路交通等项目，其中给我印象最深的是穿越火海和高楼逃生这两堂课。

所谓穿越火海，就是学生们在老师的指导下穿越一些着火的皮条林。事先，指导教师详细地讲解了火灾发生后应该做的事情，比如，及时拨打火警电话、用湿毛巾掩住口鼻、弯腰撤离等。见学生们都听懂了，消防官兵点着了一些悬挂的皮条，顿时一片火海呈现在孩子们的面前，望着浓烟滚滚的熊熊大火，孩子们显得异常兴奋。接下来，就要真的穿越火海了。你看，孩子们戴上头盔，身披湿被，弯腰低头，小心翼翼、亦步亦趋地开始穿越了。也许是有的孩子把被子蒙过了头，根本看不清脚下的路，穿越的时候跌跌撞撞的，像喝醉了酒似的，引起了围观者的哄堂大笑。也有的孩子，看似身形敏捷，几个跨步便穿越了火海，可动作又不够标准，这要是在实际的火灾中是会受伤的。可不管怎样，孩子们在老师的指导下，最终都完成了这项冒险活动。

更为惊险的是高楼逃生这堂课。高楼逃生就是在事先搭起的高台上顺着绳子下滑，再平稳着地。说是惊险，其实孩子们的安全还是很有保障的。在孩子们顺着绳子从高台上下滑前，消防官兵早就给孩子们的腰里系上了安全带，绝对摔不着。可就是这样，孩子们的表现还是令人不敢恭维。你看，有的孩子一爬到高台上，往下一看，"啊！这么高"，腿早就软了。再往下滑的时候，手就紧紧抓住绳子不放，"手脚并用，相互配合"的教导早就抛在了脑后。于是整个人就悬在了半空中，这时，围观的同学们都着急地跺脚、喊叫："你松手啊，你把脚蹬在板子上，你怎么这么笨啊……"可任凭同学们怎么呼喊，也任凭指导教师怎么教导，都无济于事了。因为这个时候的他处于一种极度紧张的状态中，什么也听不进去了。这就是当局者迷，旁观者清吧。

我实在看不下去了，决定一试身手，以身示范一下。我从容地爬上高台，对指导员说："同志，我来试一下。""你行吗？"指导员面带疑惑地说。我没有回答，他见我如此坚定，就帮我系上了安全带。我心想，要不是当着这么多同学的面，安全带我也不用系。想当年我也是身手敏捷，爬屋上树，如履平地的，就这点动作能难住我吗？廉颇老矣，尚能饭否？何况我还没有老呢！吹

归吹，我还是赶紧做吧。就看我，抓住绳子，抬脚跨上高台，转身，手慢慢松动，身子顺势下倾，等头部低于脚的时候，手脚并用，慢慢下滑，最后平稳着陆。整个动作一气呵成，连贯完美，也博得了同学们的唏嘘赞叹，可惜少了点掌声。

在我示范之后，接下来的同学再做这项演练就像样得多了。

（1）阅读以上材料，你能找出作文写作的一点奥妙吗？与学生交流。

明确：材料要有取舍，不能面面俱到；写作要有详略，不能平均用墨。

（2）继续阅读这则材料，你能提出建议吗？与学生交流。

明确：作文要有开头和结尾。

（3）带上开头与结尾，再读一遍，感受文章的完整性。

开头：

今年的冬天，阴雨霏霏，雾霾重重，连月不开。在这样的日子里，就连那些原本朝气蓬勃的学生们也快乐不起来。可就在本周五的下午，在依然阴冷的天气里，大高一中的校园里却传来了阵阵欢声笑语。这是怎么回事？原来为了增强孩子们的安全防范以及避险意识，学校特从滨州市请来安全消防官兵，给孩子们上了几堂活生生的安全演练课。

安全演练课的课程丰富多彩，主要有穿越火海、行走迷宫、溺水抢救、高楼逃生以及道路交通等项目，其中给我印象最深的是穿越火海和高楼逃生这两堂课。

结尾：

天慢慢黑了下来，气温也越来越低了，可同学们在随后的演练活动中，热情始终不减，依然兴奋着。是啊，关在笼子里的小鸟，偶尔放飞一下，让他们在享受自由的过程中又学到一点必要的安全常识，给他们的人生涂上一些安全的底色，这该是一件多么有意义的事啊。

读材料，明结构。

（1）再读以上材料，明确其写作顺序。与学生交流。

小结：这是按照时间顺序来写的，其结构我们称为递进式或线条式。多用于记录一件完整的事。

（2）将材料变形后再读。找出其结构方式。

记一次安全演练活动

·欢声笑语透雾霾·

今年的冬天，阴雨霏霏……其中给我印象最深的是穿越火海和高楼逃生这两堂课。

·穿越火海趣味生·

所谓穿越火海，……最终都完成了这项冒险活动。

·高楼逃生多笨拙·

更为惊险的是高楼逃生……这就是当局者迷，旁观者清吧。

·以身示范显身手·

我实在看不下去了，决定一试身手……接下来的同学再做这项演练就像样得多了。

·暮色四合热情涨·

天慢慢黑了下来……这该是一件多么有意义的事啊。

小结：本文的主要内容，可以不按时间先后顺序写，这种结构称为并列式或板块式，多用于写人或记事。

三、应用训练

请以"幸福时刻"或"风波"为题，画出框架，列出选取材料，确定材料先后和详略，列出提纲。当堂交流。

四、课后作业

课后，请根据所列提纲，设计好开头和结尾，定好详略，完成一篇完整的作文。

第三辑

教育杂感

——常为深爱含泪水,唯恐蹉跎误苍生

愿我们始终保持前进的姿态

——写给读书会的老师们

平时写一篇短文,我不敢说倚马千言、一挥而就,但如泉水汩汩、小溪潺潺绝不是狂妄之言。可今天,坐在电脑前,凝眉苦思良久,望穿屏幕,依然不敢下笔。此时此刻的我,是矛盾的和痛苦的,我不知道该怎么向你们表达我的意思,更不知道该不该说。索性燃烟一支,徘徊于斗室之间,我想再静一静。

也许是我故弄玄虚了,也许是我多虑了,干脆和盘托出吧。其实我就是想表达两点意思,同时也提出两点建议,以便征询你们的意见。

一、读书永远都是教师的第一修炼

非常感谢你们去年能够加入读书会,并陪我读了半年的书。到现在,你们在孔子学堂读书的身影还时常浮现在我的脑海。那是一段时光清浅、岁月静好的过往。你们能加入读书会,我不认为那是你们的一时冲动或追风逐月,我相信那是你们内心深处渴望成长的种子无意中被我唤醒。你们能从焦头烂额的琐屑中抽出身来读书,这本身就是向往优秀的一种表现。我想再次提醒老师们:越忙越不读书,越不读书越忙;越忙越要读书,越读书越悠闲。这就是真谛。

新的学期开始了,你们去过孔子学堂吗?你们还愿不愿意继续读书?趁秋光正好,继续读书吧。若要等到冬来时,天寒地冻、北风呼啸,孔子学堂也就不适宜读书了。

如果你们真的愿意继续读书,请写出本学期的读书计划发在群里。读什么书？读多少？不要贪多，但一定要心中有数。用一个小目标和一份切实可行的计划来督促自己更好地读书吧。如果你们不知道读什么，可咨询我，我愿倾囊相助。如果您做好决定，请您和上学期一样，每天抽出一节课的时间，带着希望悄悄地来（孔子学堂），带着收获悄悄地走。

如果你觉得坚持不下去了，那我再次向您表示感谢，感谢您上学期给予我的陪伴。但请您和我打一声招呼，或悄悄退出读书群，好吗？

二、课例研修是教师成长的捷径

教师这个职业是最有技术含量的，你们知道教师的看家本领或专业本领是什么吗？那就是：教材解读能力、教学设计能力、课堂操作能力、观评课能力、用笔说话（写课例论文）能力、观点分享能力。这些能力都是围绕课堂生成的，而教师的生命力在课堂。这六种能力的提升离不开课例研修。所谓课例研修就是围绕课堂教学进行的一系列教研活动，简称为听评说课。

要搞课例研修就得需要团队合作，以教研组为单位的团队合作最好。如果以学科为单位组织不起来，跨学科跨年级的同事组合照样能行。为了说明这一点，我首先得需要跟老师们解释一下学习的有效发生。

学习，是从身心向他人敞开，接纳异质的未知的东西开始的，是靠"被动的能动性"来实现的行为。要想打开学生的身心，前提是建设"以学为中心的课堂"，创设一间"润泽的教室"。佐藤学认为："在学校里的学习既不是学生一个人一个人的孤立的活动，也不是没有教师介入而进行的活动。它是在教师的介入下，学生自立地、合作地进行的活动，这才是学校中'学习'的本质。"学习是在交往中发生的。既有学生与教材等物的交往，又有学生与同伴和老师的交往，还有学生与自我的交往。而交往是在一定的环境下发生的。什么样的环境才能让交往真正地发生，那就是教师要把民主平等的思想根植于心，懂得尊重差异，用心平气和的口吻和学生交往，通过师生之间的这种交往营造出一种平和的气氛，这种平和的气氛才能让学生情绪稳定，相互间能够诚恳、亲切地发言和倾听。只有在这样和谐的氛围里，交往才会真正地发生，学习才会有意义。而这里面起关键作用的是教师，因为创设这样的氛围起主导作用的是教师。所以说，最初的校内教研的中心工作应该是教师对待每个学生的态度问题。因此，应该把学生的学习状态和教师的态度作为讨论的中心。

　　以往的听评课，我们一般老师只是关注了老师是怎么教的，就是教师的教学水平如何。会听课的老师往往还关注老师教了什么，该不该教。不管怎样，大多忽视了学生的学。现在我们不管老师怎么教或教了什么，因为教得再好，如果学生学不进去，意义也不大。我们要把听课的观察点放在学生的学习状态以及老师的授课状态上，就是课堂氛围上。因为只有师生都在场或者都在状态，学习才会真正地发生。这样的话，跨学科跨年级的听评课教研活动也就能开展了。我再强调一下，凡是参与教室开放的教师必须要明白，这种同事之间相互听评课的目的，不是比谁教得好坏的问题，而是看谁能在教室里创设出一种民主平等的氛围，一种每个学生都能安心上课、彼此之间都能互相勉励的学习氛围。

　　如果论单打独斗或者个人发展，也许你们每个人都是很优秀的，可个人的能力毕竟是有限的。这么多年来我自认为是不断奋斗的，可最终结果是长进不大。我走了不少弯路，以前痴迷于班级管理，读了不少公共教育类的书籍，虽说在教育学生方面也小有成绩，但也荒废了学科教学。更重要的是，我以前缺少合作意识，没有融入团队。现在我越来越意识到团队合作的重要性。要想在学科教学中有突破有建树，就必须依靠团队的力量。

　　啰唆了这么多，我就是想和老师们组成一个教研团队，我们之间互相听评课，互相指导，共同成长。也不是太麻烦，我们每人每学期上两三个课例即可。具体事宜，我们随后再议。现在，我只是提出这样一个建议，征求老师们的意见。你们愿意和我组成这样一个团队吗？如果愿意的话，请在群里或者单独通知我，好吗？

　　你若问，跟你读书，跟你搞团队合作能有什么好处？我坦白地告诉你，在近一两年内，除去给你们添点麻烦，别无好处可言。但我敢断言，只要你肯努力，在我们的合作之下，三年之内，或三年之后，你们肯定有论文发表，肯定有真正的课题可做，你也肯定能成为学科教学的佼佼者。

三、送给你们，也送给我自己一句话，让我们共勉

　　不要以成功为目标——你越是对它念念不忘，就越有可能错过它。因为成

功如同幸福，不是追求就能得到；它必须因缘际会……是一个人全心全意投入并把自己置之度外时，意外获得的副产品。

我们始终双手向上举，不是为了摘到最亮的星辰，而是始终保持前进的姿态。我们读书学习也不是单纯为了拿证书评职称，而是为了在老去的路上活得更从容更优雅。

我毕竟只是一个普通的教师，和你们说这些话，总怕你们说我操闲心，这我倒不怕。最怕的是给你们添麻烦，更怕让你们为难，所以才犹豫不决。但我理解，每个人都有不同的活法，我们都已不再是小孩子，所以我会尊重每一个人的选择。

教育教学行为的两大误区

一、重由外而内的赏识激励轻由内而外的学习指导

许多有专业化意识但专业素养不够深厚的教师，在教育学生时往往把爱心、赏识和激励等手段当作主要手段。他们对教育学生的认识只知其一不知其二。爱心、赏识和激励等手段和措施，在教育中确实能起到一定的作用。但这个作用仅仅是对某一部分恰恰需要的学生起一定程度的作用。如果没有对学生全面充分的了解，如果没有差别对待、因人而异的认识，如果没有一个度的把握，我们施行爱心、赏识和激励等措施的结果可能要付诸东流，甚至适得其反，因为这些都未能抵达教育的核心。

当学生感受到老师对他真挚的爱、发自内心的赏识和激励时，他肯定会因为老师对自己的重视和尊重而感动，进而会产生回报老师的愿望，于是下定决心好好学习。因为一个学生对教师最好的回报就是好好学习。但是，好好学习绝不是简单的端正态度、有良好的学习愿望就能实现的。因为学习是一个过程，端正的学习态度、良好的学习愿望只是好好学习的一个前提，是一个初始阶段。接下来，它最需要的是教师给予专业上的指导。运用干国祥老师总结的"苏霍姆林斯基教育循环学"能很好地说明这一问题。干老师总结到：生命在劳动/学习过程中克服困难，获取成功，进而获得高度的自我感受（自信自尊），以及责任感与意志力，和渴望再度通过学习、通过克服劳动/学习中的困难而获得幸福的动机。由此可见，苏霍姆林斯基教育学的核心是如何让学生获得自尊。而学生只有在学业上克服困难取得进步才能获得自尊，才能拥有真正的学习动力。教育的本质也是通过学习文化知识和技能，让学生由此而获得全面发展。无论是教育的本质还是教育的核心都离不开学习，而学习离不开指

导，指导又离不开教师扎实的学科知识、全面的学生观和成熟的教育教学能力。

教育学生的主渠道绝对是对学生学业的指导，让学生通过自己的努力克服困难获得成就，这是内在的、根本的。如果没有指导学生智力活动的能力，教师所表达的爱和赏识、激励也是软弱的。因为这些方式都是通过改变外在的评价或转移焦点，进而让学生获得良好的自我感受。就像李镇西老师说过的，单单论爱心，我们谁都比不上父母对孩子的爱，可父母却指导不了孩子的学习。然而，在现实的教育中，"爱的教育""赏识教育""励志教育"等众多外在的教育形式却大行其道，大有"以次盖主"之势。究其原因，还是教师专业素养的缺失，企图寻找教育的捷径所致。

希望每一个教育人都要明白，爱心教育很重要，没有爱的教育是万万不行的，但爱绝不是万能的。爱是教育的前提，绝不是教育的核心。

二、重外在的学生管理轻内在的课堂教学

不知从何时起，教育教学中盛行着这样一些说法："三分教学，七分管理""三分能力，七分责任""态度比能力更重要"等。这样的提法自有一定道理，教学与管理、态度与能力等原本是截然不可分的，也可以说管理是为了服务于教学，端正的态度是工作的前提。可总有一部分人解读错误，误把管理、态度当成是工作的根本。他们相信"一分耕耘，一分收获"，甚至相信："人有多大胆，地有多大产。"

这种现象也是源自教师专业素养的流失。像这样的老师，也许他们早已习惯了当年自己老师的"填鸭式"教学，他们自己对知识获取的过程也不是很明白。不明白知识获取的过程，就弄不清学习发生的过程，教师自然也不懂得如何去教。而这一些知识，只有在专业的学习中才能获得，只有在实践中才能内化为自己的智慧。可惜很多老师都不在自身专业素养的提升上下功夫，不重点在课堂教学上下功夫，反而在"态度""管理"上下功夫。于是他们很认真地讲课，大讲而特讲，恨不能把自己知道的一切都告诉学生，恨不能让学生能记住一切知识；他们在布置作业上胆子足够大，相信学习就是从量变到质变，学生只要经过大量训练就能学好。他们加班加点头也不抬地批改作业；面对学校里的一大堆工作，他们总是忙忙碌碌……于是他们在忙碌中失去了自我，连读

书学习的时间也没有，于是他们就更加忙碌……这样的情况，很像苏霍姆林斯基所说的，那些把所有时间都用在学习教科书上的知识而没有时间进行课外阅读的学生，长此以往，他们得了"有意识记肥大症"，思维开始变得迟钝，对知识变得越来越冷漠，最终他们成了"学困生"。我们老师出现的职业倦怠又何尝不是这种情况呢？

更令人担心的是，这部分老师富有爱心、责任心强、态度端正，他们打着"一切为了学生好"的旗号，置教育规律于不顾，置学生的身心于不顾，这是一种很可怕的"毁人不倦"。难怪吴非老师说："一所学校最怕有一群愚蠢的老师在兢兢业业。"

什么是爱

什么是爱，这似乎是一个很幼稚的话题。如果你和老师们谈爱，说，没有爱就没有教育，可能很多老师都会嗤之以鼻："谁不知道教育需要爱啊，谁不知道什么是爱啊，爱不就是关心爱护学生吗？我们都很爱学生啊。"这样的解释未免太空洞苍白了吧。

其实爱是没有标准答案的，不同的人就有不同的理解。傅雷对傅聪那种几近苛刻的责骂棒打是爱；那个北大女生的母亲对女儿的顺其自然、从不施加任何压力，"要让孩子像野花一样自由自在地生长"也是爱；鲁迅对黑暗现实和愚昧国民性的无情揭露和鞭挞更是爱。同样，老师们对学困生的鼓励与表扬是爱，对优生的批评指责是爱，对不遵守规则学生的惩戒也是爱。

虽然爱没有标准答案，我也知道没有爱就没有教育，但仅仅有爱，没有智慧是远远不够的。你看，进入青春期的孩子大多不肯听从父母的教诲。反过来看，哪个父母对孩子的爱不是情真意切、绵绵无限？我们哪个老师对孩子的爱能胜过父母？那问题就来了，为什么孩子肯听老师的话，而不愿听父母的话呢？除去师道尊严本身的力量之外，那就是老师的爱是理性的是智慧的。

何谓理性的爱智慧的爱？这就得需要教育思想教育见识了。它不是凭空而来的，它是一个人不断读书不断实践不断思考而总结出来的。这需要老师较高的人文素养和开阔的视野。

智慧的爱需要我们尊重差异。首先是智力差异，苏霍姆林斯基说："让所有刚刚入学的7岁儿童都完成同一种体力劳动，例如去提水，一个孩子提了5桶就精疲力竭了，而另一个孩子却能提来20桶。如果你强迫一个身体虚弱的孩子一定要提够20桶，那么这就会损害他的力气，他到明天就什么也干不成了，说不定还会躺到医院里去。儿童从事脑力劳动所需要的力量，也是像这样各不相同的。"如果你不尊重这种智力差异，对所有学生都是简单的"一刀切"，那后果就是让学生牺牲了学习兴趣，从而变得越来越差。

其次是性格差异。俗话说："千人千脾气，万人万模样。"这脾气就是指人的性格。不同的家庭环境，不同的成长经历，不同的基因遗传，也造成了学生们这种千差万别的性格。或开朗乐观、坦率热情，或郁郁寡欢、忸怩孤僻。对同样犯错误的学生，有的你批评两句，他能接受；有的就接受不了，出现反常或极端的表现。

如果你不了解这些差异，尊重这些差异，在实施教育时就会处处碰壁、无所适从。甚至你会怀疑人生，这到底是怎么了？学生们怎么这么不听话？我常说，"物之不齐物之情也"。任何学生都是一个与众不同的独立的个体，是一个活生生的人。我们的教育就是面对人的教育。我们不能把自己的观念强加给学生，更不能用自己的认知绑架学生，那是毫无意义的。我们只能用尊重才能赢得学生的信任，也只有用信任才能换来学生对我们的认可。换句话说，没有尊重，没有信任，就没有教育的发生。

理智的爱需要正确的学生观——民主。师生之间到底该是一种怎样的关系？我曾自己总结过师生之间的关系——亦师亦友亦父亦兄。课堂上，我们和学生应该是一种师生关系，我们帮助引导学生学习文化知识。但仅仅发生在课堂上的师生关系是一种有隔阂有距离的关系，不利于教师教育作用的最大发挥。为了弥补这一点，我们应该创造条件，充分利用各种机会在生活中和学生多接触。生活中，学生遇到了困难，我们就充当朋友、兄长的身份，给他以帮助；遇到了高兴的事，我们就和他一块儿去分享。让学生不把你当外人，这时候，他才会充分地信任你。当学生犯了错误，我们还得充当"严父"的角色，该责就责该罚就罚，让学生体会到你是真心对他好。

老师和学生之间的关系，最忌讳的就是那种板起面孔、一本正经的高高在上。那时的你和学生之间已是遥遥相隔，根本没有心与心的交融。那时的你或许能凭借精深的专业修养传给学生以知识，但在学生的思想成长上，你也许起不到一点作用。因为你的"凛然之气"已距学生于千里之外，学生怎能再向你敞开心扉？

理智的爱需要有全面的、发展的学生观。任何事物都是处于不断发展变化之中的，今天的你和昨天的你是不一样的。好学生差学生，我们的评判依据往往是单一的成绩。而成绩的好坏只是评价学生的一个标准。而对人的正确评价应该是一个综合的标准，例如思想品行、交际能力等。仅仅以成绩来评价一个学生的好坏未免有失偏颇。况且成绩也仅仅是学生在某个学段的表现，你现在的成绩好不代表将来的你成绩好，你现在的好成绩不等于你将来的好工作好生活。

李镇西在优生培养的重要性上曾说，好学生也是在不断发展变化的。这告诉我们，不要用一成不变的眼光看待任何人，不要对优生视如明珠，也不要对差生鄙之不理，更不要恨之入骨。我们需要平等地对待每一个学生，把每一个学生都当人看才行。

智慧的爱是不含任何功利性的爱，是一种顺其自然、静等花开的爱。我们教育学生就是让每个学生都能成为最好的自己。不要把学生当成是考试的机器、挣分的工具。如果你对学生的爱就是为了能提高他的成绩，以此来证明你的教学水平；或就是希望家长来报答你，或学生将来能报答你，那就不叫爱，这叫利益交换。这种交换是一种眼前的既得利益，一旦学生让你失望了，你就会怒不可遏——我对你这么好，你还不进步，你还不感恩？你就会原形毕露——我凭什么对你好，你不进步你不感恩，真是"朽木不可雕也！"我才懒得管你。你就会自寻烦恼抱怨不停。智慧的爱是一种良知的爱，不管你如何变化，我都对你不离不弃。智慧的爱是一种长远的爱，不管你如何反复，我都愿意等待。

真正的爱是把思想观念化为具体行动的爱。喊破嗓子不如做出样子，2019，让我们继续挽起袖子加油干！

丰富多彩的校园精神生活

一、校园精神生活

首先是指学校生活,既然是生活,又发生在校园里,那就是师生之间、生生之间相互影响、相互交融的,这是一种共同的生活,也是一种生命共同体。用陶行知的话来说:"学校是师生共同生活的处所。他们必须同甘共苦。甘苦共尝才能得到精神的沟通,感情的融洽。"他还说:"学校里师生应当相依为命,不能生隔阂,更不能分阶级。人格要相互感化,习惯要相互锻炼。"相互感化、相互影响就是精神性的,所以才称为精神生活。

二、丰富多彩的校园精神生活

真正的生活从来都是波澜壮阔、五彩缤纷的,校园生活也不例外。我们永远都不否认校园生活是以学习生活为主的,但,那种只谈学习、只论成绩,其他一概免谈的生活是多么的单调枯燥、片面乏味啊。它背离了生活的真谛,也不配称为生活,顶多称为"知识加工厂"。

就像成年人的生活,是以工作为主,但如果离开了必要的放松、交际,那与牛马的生活何异?一个个鲜活的生命,离开了长江大河的滋养,陷入泥泞、干涸的河流之中,等待他们的只能是无边无际的黑暗和死亡。这也是大多数学校里大多数学生对学习越来越冷漠、对知识越来越冷淡的主要原因。

三、看看帕夫雷什校园的生活吧

(一)让刚入学的孩子慢慢适应学习生活

9月,孩子每天在教室里上课不超过40分钟,10月不超过两个小时……更多的时候，孩子们是待在大自然中，在游戏中，绘画中，在童话的王国中自由地翱翔，自由地舒展着精神。

（二）书籍必须成为最重要的精神生活的源泉

苏霍姆林斯基说："一年级时，我就力求使阅读成为孩子们的精神需求。"并且这样的阅读与课堂上的知识传授没有直接联系。为此他们举办了丰富多彩的读书活动。

为了使阅读成为孩子最大的精神上的需求，在孩子们上小学的头两年中，苏氏就早已和准备入学的家长及他们的孩子取得联系，并指导家长如何教育孩子。让每个家庭中都拥有一定的藏书便是其中之一。

入学后一二年级的孩子，每一两周就要从图书馆借走一本书，并进行朗诵。

教师把那些已列入人类文化宝库的优秀的诗歌典范作品背诵给孩子们听，让学生们产生了要学会背诵自己喜爱的诗歌的愿望。在四个学年中，学生背诵了很多诗。

举办表情朗读晚会和晨会。每个愿意参加的人都为朗读自己喜欢的故事或诗歌做准备。

一年两度的庆祝语文节。孩子们可以邀请村民来当裁判或者直接参与朗读，优胜者可以得到一本好书。

全校性的图书节。开学前夕，孩子和家长都来到学校，大家相互赠书：孩子们相互赠书，父母赠给孩子，村长给学校赠书。

每个家庭的藏书都要逐月增加。

（三）一些辅助性的精神生活

聆听大自然的音乐、欣赏民歌、欣赏世界名曲、欣赏芭蕾舞剧、歌剧，参加合唱，练习乐器……

到大自然中去"环球旅游"、种植"美丽角"……

苏霍姆林斯基说："儿童时代错过的东西，到了少年时期就无法弥补，到了成年时期就更加无望了。"

等孩子们进入中学，各种手工课程，机械制作，园艺种植，科学实验……精神生活的领域进一步扩大了。

不仅如此，苏霍姆林斯基还对学校的精神生活进行了更深入的思考，将精神生活的领域延伸到了几乎包括一切生活。例如，夫妻生活，他为此专门开设了课程，来指导学生（未来的家长父母）如何生活，如何做父母，教育的目的不就是让学生学会生活吗？

奇怪得很，读读这些内容，我的内心竟然很是平静。此时此刻，说什么震撼人心、受益匪浅都是苍白无力的。我只想去创造我的"理想国"。

小学教育的任务

作为小学高年级段或初中的教师,应该早就发现了这样一种现象,就是,学生们会随着年级的升高、年龄的增长反而会越来越讨厌学习、越来越不愿意思考,哪怕是最简单的一些学习任务,他们都懒得动动脑筋。比如,古诗背诵,儿童们随便一背就能背过,可初中的孩子要费很大的劲才能记住,而且忘得很快。而且,这种现象不是个别现象,是一种普遍现象。如果我们仅仅把责任推到学生(包括智力因素和非智力因素)或家长身上,那简直就是不负责任了。

这到底是为什么呢?

一是因为学校里的学习生活单调枯燥乏味,他们的学习只是单纯的(大多数)识记,保持,再现。学习不是为了运用知识去创造,而是单纯地为了考试。这种带有强烈功利色彩的学习使学生在学习上疲惫不堪,得不到丝毫的休息。压力过大,最终致使孩子们放弃或妥协。这种学习形式的本质就是没有把儿童的学习同儿童的精神生活联系在一起,这是脱离了生活的学习,是死学习。

二是学生在学习新知识前没有获得足够丰富的智力背景。陶行知说:"接知如接枝。"它的意思是:我们要有自己的经验做根,以这经验所发生的知识做枝,然后新学的知识方才可以接得上去,别人的知识方才成为我们知识的一个有机部分。每个人原有的经验就是自己的智力背景。

在我国的小学教育中,一部分所谓工作积极、责任心强的教师,他们对儿童的学习关心过度。他们使劲地往儿童的头脑里灌输知识,逼迫儿童死记硬背,把儿童完全当成了知识的容器。还有一部分教师,他们也许是体谅到了儿童学习的不易,于是竭力做到最大限度地减轻儿童的脑力劳动。为此他们把知识嚼烂了喂给学生，尽力把课上得生动有趣。然而，这两种表现，都是教师专业能力欠缺的表现。

无数的经验证明，"小学首先应当教会儿童学习。"要想教会儿童学习，就必须教给学生一定范围的牢固的知识和能力。为此我们必须明确学生在每一个阶段（每一学年、每一学期）应当掌握的知识，就是哪些是学生必须永远牢固记住的字词、必须牢固记住的数学规则。如果没有一个明确的学习范围、学习目标，老师们极容易眉毛胡子一把抓，认为所有知识都是最重要的，于是就会急于让学生学会所有知识。最终只能是"欲速则不达"。也只有教给学生一定范围的牢固的知识，学生才有能力消化，只有消化了的知识才能转变成能力。

小学生必须掌握的能力有：阅读能力（阅读自动化）、书写能力（书写自动化）、观察能力、思考能力、表达能力。这些能力是在教师的培养下，在获得一定量的知识的基础上形成，同时它又是进一步获得知识的工具。没有这些能力做基础，要想进一步获得知识，就是学会学习，那就特别困难了。到了高年级，大部分学困生都是因为没有获得这些基本能力。

让学生必须掌握一定范围的牢固的知识和能力，这是小学工作中最重要的任务，但并不是全部。因为教师的工作对象是完整的儿童，是正在经历着神经系统迅速成长的儿童，他们的大脑正处于迅猛发育期。如果教师不懂得如何指导儿童的学习，使儿童的学习成为丰富的精神生活的一部分，那儿童的学习就会变成死记硬背，就会枯燥乏味。

——常为深爱含泪水,唯恐蹉跎误苍生

倾听是教师最美丽的姿态

——牢记对话,不忘倾听

一、对话教育的重要性

心理学认为,人是一种社会性动物,人与人之间的沟通就像人需要食物、水、住所等一样重要。这是人类生命存在的一项基本需求。而沟通交流的主要方式就是对话。社会生活离不开人际交往,人际交往离不开对话,可见对话交流的重要性。

教育教学也需要对话交流吗?先来看看学习的发生过程吧。佐藤学认为:"教学是由'学生''教师''教材''学习环境'四个要素构成的。"正常情况下,学习的过程是这样的:学生先从预习"教材"开始,形成自己或是或非、或明确或模糊的认识,然后到课堂上倾听其他同学和老师的观点,发生思想上的碰撞或交融,最终才形成自己的认知。从这一过程,不难看出"学习"是个体与教材、与同学(伙伴)、与教师、与自我的交往。而学习环境,我认为就是在对话交往中形成的一种学习氛围,或紧张活泼,或压抑难挨。学习是否有效地发生,和学习主题所处的学习环境有着直接关系。这种学习过程又印证了佐藤学的观点:"在学校里的学习既不是学生一个人一个人的孤立的活动,也不是没有教师介入而进行的活动。它是在教师的介入下,学生自立地、合作地进行的活动,这才是学校中'学习'的本质。"由此可见,学习离不开合作、离不开交往,只要交往合作,就有对话交流。因此,博尔诺夫说:"教育产生了一个伟大的职责:教育人类进行对话,培养其对话的兴趣和能力。这是教育为拯救受难的人类应做的贡献。人类的命运直接取决于教育能否在这方面取得成功。"这段话更是道出了"对话"交流在教育中的重要性。

二、对话教育的迫切性

对话教育既然如此重要,它在教育教学中又是如何落实的呢?先来看看我们的教育现实。

佐藤学曾这样描述日本的课堂:所有的教学都是追求学生自己设定课题、自己提出与课题接近的方法并实现课题。教学中,学生不断地应答:"是的!""是的!"真是举手如林,应答如神。这样的场景,在我国的小学课堂中也是非常普遍的。但随着学生年级的升高,在我国的课堂中,学生的表现更多的是唯唯诺诺、噤若寒蝉。其实这两种截然不同的课堂表现,归根结底都是一种"主体性神话",一个是以学生为中心的"放羊式"教学,一个是以教师为中心的"填鸭式"教学。这两种形式都违背了教育之道,让教育陷入了浅薄与贫乏,最终导致课堂教学的低效甚至是无效。

"主体性神话"的背后,其实是对"对话"教育的漠视或无视,对学习之道或教育之道的浅陋无知。目前的教育现状呼唤对话教育的有效实施。

三、对话的本质

"对话"就是一种沟通交流的方式。英籍美国物理学家戴维·伯姆认为,对话是一种"穿越",它"不仅仅局限于两人之间,它可以在任何数量的人之中进行。"当然也可以和自己进行"对话"。"在对话过程中,没有人试图去赢。""它追求的结果是一赢俱赢。"也就是说,真正的对话"不是相互对抗,而是共同合作。"对话的方式不是单向的输出。对话的目的不是说服或劝服别人,让别人接受自己的观点。真正的对话没绝对的目的,它只是为了追求真正的真理,无所谓输赢。

我认为,对话是两种观点或者多种观点的一种融合,绝不是相互排斥,这种融合发生了化学反应,于是又形成了一种新的思想。就像马克思曾说:"为了进行生产,人们便发生一定的联系和关系;只有在这些社会联系和社会关系范围内,才会有他们对自然界的关系,才会有生产。"这种联系和关系需要对话,这种生产就是新的观点。因为一切都是思维的产物。

四、对话的前提是倾听

戴维·玻姆认为,要做到真正的对话,"前提是不带任何偏见、无拘无束地互相倾听,而且不试图对对方施加影响。每个人所关心的唯有真理……"没有倾听就没有真正的对话,倾听是对话的前提,是为了更好地对话交流。对话是一种被动的能动性,是在倾听的基础上做出的种种反应。具体来说,对话就是一种应对,是与倾听融合在一起的,是不可分割的。也只有有了正确的倾听,才会有正确的应对,才能组织以学为中心的教学。如果不会倾听,也就不会应对,反而会出现"主体性神话"等形式主义的东西。

五、倾听的教师最美丽

(一)倾听思想需要在读书中培养

李政涛说:"人人都有倾听与被倾听的需要。"我们仿佛都知道倾听教育很重要,可"熟知并非真知"。汤勇说:"改变教育必须先改变自我。"要想改变教学,还得在读书中改变自我。余秋雨曾经说过,读书的最大理由就是摆脱平庸。我就是在读了佐藤学的《静悄悄的革命》、戴维·玻姆的《论对话》、李政涛的《倾听着的教育》、郝晓东的《改变教育的十二个关键词》之后才对对话教育、倾听教育有了认识,有了思考,才有了我在教育教学中对倾听的重视。只有从内心深处重视一件事,你才愿意去改变自己。

通过读书,我明白了,要进行真正的对话教育,必须对各种不同的意见十分敏感地倾听,建立起相互倾听的关系来,否则这一目标是不可能实现的。环境是于人创设的,并且是以倾听为中心的。首先在于教师的倾听能力。教师要学会俯下身子倾听学生,把学生的言语、表情、动作等反应当作是教学的一部分,不能只按自己的想法教学,更不能只顾赶进度,让教与学分离。其次,在于学生的倾听能力。学习就是倾听教材,倾听别人,倾听自己的内心。在人际关系冷漠的现实中,要形成这种互相倾听的关系,教师自身要自始至终地保持专心专意地、郑重其事地听取每个学生发言的态度,要心诚求之,把学生当作平等独立的人,让学生感受到老师对他的尊重、重视,绝不能给学生留下一丁点的傲慢与鄙视。教师应该认真地听取每个学生的发言并做出敏感的应对,应能慎重地选用每个学生都能理解的词语讲话,这样,学生之间才会开始互相倾听,才能在教室里形成仔细倾听别人的讲话、互相交换意见的关系。当然,这种融洽关系的形成绝非朝夕,是历久弥香的。

(二)倾听态度需要在实践反思中巩固

读书能改变一个人的态度,但能力需要在实践反思中才能得以巩固升华。我现在在平时的教育教学中非常重视倾听了,但在实践中我做得还不够好,这是因为我的倾听意识还不够深入,我的倾听能力还有待提高。

那天上《醉翁亭记》一课,领着学生疏通文意,一句我认为很简单的句子:"而泻出于两峰之间者,酿泉也。"找一些学生解释其意,第一遍,学生的声音由大到小,再到含混不清,直接令人听不清楚。我知道,该生是对自己的理解没有把握,所以才不能将自己的认识清晰地表达出来。我知道,这些"踌躇不定、没有把握的发言的价值的。""这些孕育着微妙的、不确定的、模糊暧昧的思考、矛盾、冲突的复杂情感"与那些确定的思考和表现具有同等重要的意义。所以,我很能理解该生此时此刻那种尴尬与无助的心情,因此我没有着急,而是耐心地引导她,给她以提示,告诉她前面这句话是一个倒装句,可以调整一下语序来理解,上下两句合起来理解。然后又让她根据我的提示再继续说,可她的声音依然如同上次那样——由大到小、含混不清。这时的我就有点不高兴了,就提示她:"声音再大一点!再清楚一点!"我知道这两句话是"手势"教学中最常见的问题。这个时候,我还在提醒自己,耐心点,再耐心点!于是我又顺着她的意思,把自己的理解清晰地用语言重复了一遍。然后再让她重复我说的话。可谁知她依然如故,此时已为这一句话耗时六七分钟了,我再也压制不住心中的怒火,冲她吼了起来:"你就不能大点声吗?"我分明看到该生顿时羞红了脸,低下了头,呆呆地站在那里。吼完之后,我悔意顿生。可那个时候,我也是完全被"赶进度"的念头冲昏了头脑,竟不顾孩子的自尊,发起怒来,也把"站在欣赏、体味学生发言的立场"来"倾听"的理论完全抛之脑后。你看我是多么可笑啊!明明知道自己不对,却还是控制不住自己。现在想来,当初为何不这样说:"你已经尽力了,我能看出你的努力,可能太过紧张,没有听清老师的提示吧,没关系,今后课堂上一定要仔细倾听老师和同学们的发言,你先请坐。咱们来听听其他同学的理解。"可当时，我为什么偏偏抓住人家不放，非得让人家大声说出来，清晰地说出来，这不是在违背学习的规律吗？这不还是自己所鄙视的"只顾自己赶进度，只是在追求'发言热闹的教室'"吗？我为何这样糊涂？

没有反思就没有成长，只有在反思中人的意识才能强化，态度才能养成。要把意识化作一种态度，变为自己的知识，还得在实践中反复培养方可。

（三）倾听能力需要在提高专业能力中提升

郝晓东老师说："能倾听是一种态度，会倾听是一种能力。"课堂上教师之所以对学生的反应视而不见，不仅仅是缺少倾听的意识。即使如我一样有了倾听思想，但在实践中还是把控不好自己。这里面有很多原因，如教师内心深处的等级意识，教师的个人修养问题等。但我想更关键的是教师的教育教学专业能力问题。如果一个教师的专业能力低下，本身对自己所提出的问题就吃不透，他如何能从学生的应答中听出弦外之音，又如何去引导点拨学生的学习？"以其昏昏，使人昭昭"岂不是天方夜谭？如果一个教师的专业能力低下，本身对自己所教内容不够熟悉，他就会把自己的精力全都集中在所要传授的内容上了，哪里还有精力顾及学生的反应。就像初学驾驶，双手紧握方向盘，目不斜视地盯着前方，挂挡、换挡也就手忙脚乱了，怎会人车合一？当教师的专业能力不足时，就很难发掘出知识的魅力，至于唤醒沉睡的心灵更是奢谈。

要想自己在教育教学中游刃有余，提高自己的专业能力才是关键。只有提升了自己的专业能力，你才会倾听，才会挖掘出对话教育的最大价值。

也许有人认为对话教育太难了，是的。对话本身就受到人类分裂性思维方式及传统观念的影响，再加上每个人的经历见闻不同，于是就形成了千差万别的思想观念，在人们平时的对话交流中，总是受自己观念的影响，而与别人产生分歧、冲突。我们只有在对话中坚持面对这些分歧和冲突，转机才会出现，融合才会生成。世界之所以五彩缤纷，生活之所以丰富多彩，都是因为这种分歧与冲突的交融与升华。

对话教育于我们来说是一种完美的教育，是一种理想的教育，"虽不能至，然心向往之。"教育虽不完美，但我愿意在通往完美的道路上引吭高歌。

有效教学从保护学生的学习愿望开始

认真读完《有效教学的基本特征》这篇文章，一时脑子里有点乱。有效教学这么麻烦啊，这对老师的要求太高了吧。我想很多老师会和我有同感。静下心来再读一读，你会发现这篇文章其实就是告诉我们，老师们要想进行有效教学，就得需要培养两种基本能力：一是扎实的专业能力，二是科学的教育观念。

专业能力指向课堂的知识和技能。知识是鱼。专业能力首先是指这堂课要传授的基本知识，就是授人以鱼。也是关于"教什么"的问题。关于这一点，也许很多老师都不屑一顾，我们上课还不知道教什么吗？说真的，一堂课到底要教什么，还真不是那么简单的事。这和学科目标、学段目标、单元目标、课时目标都是有联系的。一个老师如果不观照、研究这些因素，就永远确定不好要教的内容。作为一个老师，"教什么"比"怎么教"更重要，尤其在语文学科上，面对一篇课文，老师们大多不知道教什么。

诚然，知识的传递是重要的，但是获得知识的过程更为重要，因为在获取知识的过程中孩子可以习得学习知识的方法，让他们学会学习。让孩子们学会学习就是最有效的教学。这和老师的教育观念以及专业技能有关。单从专业技能来看，这是授人以渔的问题。知识是材料，技能是方法。面对不同的材料用不同的方法才能烹饪出一道精美的菜肴，才能有利于学生的成长。这样的课堂，老师的着眼点始终放在方法的引领和技能的提炼上。

我敢说，有很多老师在课堂上是不知所云跟着感觉走的，以己昏昏，使人昭昭，岂不怪哉？专业能力的修炼是一个老师最重要的事。一个老师的专业能力是需要穷尽他的毕生精力来追求的，是需要不断完善不断修炼的。世界上根本没有一劳永逸的事情，谁也不要指望靠在学校里学习的那点专业知识就能应对这个知识日新月异的时代。90多岁的于漪说："我一辈子当老师，一辈子学做老师。"当老师不努力提高自己，混日子还有意义吗？

知识和技能仅仅代表了一堂课的宽度和厚度，如果一堂课只有知识和技能，那将会是多么的生硬和冰冷。真正的有效教学是有生命有温度的。我们老师所面对的绝不是课程标准、教参和教材，我们所面对的是一个个鲜活的生命。所以苏霍姆林斯基说过："教育首先是人学。"学校所有的活动都是在为一个个具体的人服务的。李希贵曾对老师们说过，如果你搞不好和学生的关系，就别和我谈什么教学。而这些关注学生生命成长的教学就是一个教师的教育教学观念。

可能老师们会说，关注学生、关爱学生谁不知道啊，没有爱就没有教育嘛。可现实是，在成绩利益面前，我们都忘却了初心，我们都变得那么浮躁、那么急功近利。课堂上我们剩下的只有知识和技能，哪里还有人的踪迹？其实我很理解老师们的做法，因为我们的学生都会随着年级的升高而出现学习越来越困难的现象，这是一种普遍现象，不能怪罪到哪一个老师的身上。进入初中的孩子，两极分化现象严重，有些孩子对学习已经完全失去了信心，面对这样的孩子，我们对其费了九牛二虎之力，还不见他们有所好转。于是我们就会对他们恶语相向，甚至拳脚相加。我们会发现用这种简单粗暴的方式来对待学生成绩会提高得更快一些。于是我们便放下斯文板起面孔，于是我们的课堂就变得极为压抑，于是我们的教学越来越无效。因为我们这些做法都是以牺牲学生的学习兴趣为代价的。当一个学生对学习绝望的时候，所有的教学都是无效的。

有效教学是任何一个学校都在追求的一个问题，也是任何一个学校最重要的问题，一个学校如果不把主要精力指向教学，这绝对就是一种悲哀。

要想跳出这种恶性循环的泥淖，我们必须直面现实。面对生源大量流失的客观现实，在全区评比的情况下，我们不可能名列前茅。但教得好坏的标准是什么？这必须要澄清一下。根据教育教学规律来说，教得好坏关键看学生的表现，学生们在学习上是否保持积极乐观的心态？面对困难是否敢于挑战？只要学生学习愿望的火花不曾熄灭，他就是一个有希望的学生。哪有主动学习的学生学不好的？只要我们教的孩子能主动学习，教育教学就有效了，教育就成功了。在这种情况下，我们不可能教不好。教育原本也是只问耕耘不问收获的。不是不问收获，而是只问收获反而没有收获。我们倒不如静下心来，关注过程、重视过程，这样必定会有收获。"夫唯不争，故天下莫能与之争"。

从一定程度上说，有效培养保护学生的学习愿望就是有效教学。

如何唤醒孩子的学习积极性

一、让学生获得"自尊感"

"自尊感"是指学生的"自尊感"。这种自尊感,是学生在劳动或学习的过程中,通过自身的努力,克服重重困难,最终获得进步后而产生的一种成功感、成就感,也可以称为一种存在感或幸福感,也是一种自我肯定。

为什么会产生这种"自尊感"呢?

这种自尊感首先来自学生通过获取知识,并运用知识进行创造,这种创造本身是有价值的,因为创造了价值,所以本身也有了满足感和成功感。学生在劳动或学习中肯定要不断地努力,不断地克服困难,这种坚毅的品质本身就值得褒扬和肯定。再说,孩子所取得的成就和进步,是离不开周围环境的影响的。最终的影响就是孩子的父母和老师,孩子的每一点进步都包含着父母和老师的心血,所以面对孩子所取得的进步,老师和父母肯定会进行肯定性的评价。这种来自周围环境的肯定性评价,又进一步让孩子获得了存在感和幸福感。

自尊感与快乐感不同。自尊感是一种靠自身的努力获取的成功感和幸福感,这是以汗水甚至是泪水为代价的,来之不易。它是人性光芒的一种体现,是对他人或社会有益的,是一种高级的、积极的存在。而快乐可能是来自娱乐或消遣性的活动,它更多的是源自人的本能性(动物性)的需要。我觉得人吃好吃的东西就会快乐,和动物吃好吃的东西也能快乐,这没有什么本质区别。人玩快手或抖音更多的是出于消遣性或娱乐性,这种面对手机傻笑或发狂的表现,绝对是一种很快乐的表现。而这种快乐绝对是为了满足自己的官能,也是源自人的动物属性,对别人或社会是无意义的,所以说是比较低级的。

二、如何让学生获得自尊感

（一）教会儿童进行脑力劳动，教会他们思考、观察、理解，从脑力劳动的成果中感觉出自己的精神力量

作为学生，在学习上的成败得失，虽不能说是他的全部精神世界，但也绝对是他的主要精神世界。儿童作为成长发展中的人，心智还不健全，他对自己的全部认识就源于对这个世界的认识，对知识的获取。一旦在知识获取的道路上受挫，就会垂头丧气，长此以往就会完全丧失学习的信心。能否有效地获取知识对儿童来说就是最重要的一件事。而知识的获取是一件非常复杂的事，它绝不是老师把知识塞进学生头脑里的。如何传递知识就是如何教会儿童学习，这是教师最基本也是最重要的工作。教会学生学习就是教会儿童进行脑力劳动，教会他们观察、思考和理解。儿童也只有在学会学习的基础上才能感觉出自己的精神力量，也只有在这种成功感中获得自尊，获得前进的动力。

为了教会儿童进行脑力劳动，或者说为了教会儿童学习，苏霍姆林斯基凭着对教育的热爱和情怀，把自己的全部身心都奉献给了教育。在践行的基础上，苏氏摸索出了大量的行之有效的做法。例如，他把脑力劳动赋予浓浓的亲情，让儿童感觉到自己的学习能给父母带来快乐，同时他也让家长参与到儿童的教育中来，发挥出了家校共育的作用；他给学生上思维训练课，领着学生走进大自然，教会学生观察、思考、理解问题；他愿意陪着学生一块儿面对困难，一块儿思考，直到学生眼里放出惊喜的光芒；他非常谨慎地使用评价学生的方式，绝不随便给学生打分，绝不给学生打不及格的分数；最重要的是，他在组织教学上更是倾尽自己的能力和智慧，他能领着学生围绕在知识的篝火旁载歌载舞，让学生爱上学习。苏氏以上这些做法都有效地保护了学生的自尊心，激发起了学生学习的愿望和做一个好人的愿望。

（二）把思想和自尊感融为一体

人的所有言行举止都是受控于自己的思想，只有将自己的自尊感和思想融为一体，儿童学习的愿望才会满足，才会奋进不止。而把思想和自尊感融为一体，这是一个过程，不是单靠一时一事就能完成的，它是在儿童的学习中不断夯实巩固的。这就需要我们在儿童生长环境中处处为儿童创设这样的条件。苏

霍姆林斯基的做法就是让孩子们融入集体之中，举办各种形式的和集体有关的智力生活，如集体创作画册、读书会、故事会等，也在学生之间建立互助小组等。这些做法就是让每一个孩子都为班集体贡献出自己的"智力"，在发展儿童思维的同时，也让儿童体会到了因融入集体、帮助他人而带来的自尊感，让每一个儿童都觉得自己是一个有用的人。

（三）要让儿童看见和体验到他在学习上的成就

人的境界不同，不是人人都能成为弗弗西斯的。尤其是成长中的儿童，他们的心如同易碎的玻璃，在学习的过程中一遇到困难极容易产生放弃的念头。教师作为儿童学习的指导者和帮助者，有权利也有义务让儿童看见和体验到他在学习上的成就。

在这一点上，最有效的做法就是在尊重差异的思想指导下，始终相信每一个儿童，适当进行分层教学，帮助不同层次的学生树立合适的目标，给不同层次的学生布置适应的作业，也进行分层评价，让每一个孩子都在原有的基础上获得一定的进步。

学困生问题浅析

一、学困生的形成

苏霍姆林斯基认为,成绩落伍的学生是因为在学校生活的最主要的领域——脑力劳动的领域,对儿童缺乏个别对待的态度的缘故。

对苏氏的这一看法我完全认同。作为教师,我们阅学生无数,也都经历了漫长的学生时代,作为过来人,只要我们思考一下,就知道制约一个学生成绩好坏的因素是多方面的。其中最主要的因素就是"智力"因素,或者说是遗传因素。这是先天性的因素,是每一个人自己所不能左右的。他如同人的性格一样千差万别,也如同人的力气一样有大有小。

现代学校都是班级授课制,由于受诸多因素的影响,教师的授课是使用统一教材的,对学生的考查也大多是使用统一的试卷。就这样,智力不一、家庭环境不一、生活不一的学生却面临着统一的教材、统一的考评。其最终结果当然是参差不齐了。都是学习,同样的事件,结果却不相同,于是就产生了不同的心理感受。对于那些学习成绩差的学生来说,一次两次,也许他们还能忍受得了,因为他们还对自己抱有希望,还把希望寄托于未来。但是随着学习的继续深入,因为前面的知识没有掌握好,或者说基础没有打牢,而学习又是环环相扣的,他们的成绩会越来越差。

学习的过程就像一场跑步比赛,成绩差的孩子就是在比赛中输了的孩子。虽然这是一种很世俗的看法,可我们就生活在这样的现实中。失败了的孩子就会受到周围人的冷眼相待,这种周围的人有同学、有老师,甚至有自己的父母。面对人们的不屑,孩子们的自尊慢慢地消失了,学习的愿望慢慢地减退了,于是在不知不觉中他们变成了"不可救药"的人。

分析其中的原因，我们不难看出，面对不同智力或不同情况的孩子，我们却提出了统一的要求，其结果当然是良莠不齐了。而这一切，归根结底都是因为我们没有尊重差异，没有尊重个性，也没有因材施教。

当然还得排除那些极特殊的情况，比如因社会、家庭变故以及自己交友不慎等方面给孩子带来的影响。因为教育也不是单纯的学校教育，还包含着社会、家庭等方面的因素。每一种因素里都隐藏着巨大的力量，这也是我们应该面对的。教育也不是万能的，它是没有最好只有更好。每个教师的观念不同、能力不同，也都影响着教育的效果。面对现实，真正优秀的人并不多，我们不能一厢情愿地认为所有老师都能达到一个很高的境界。面对苏氏的教育，我们只有努力去追求，尽个人能力做出来的教育就是最好的教育。

二、学困生的基本特点

（一）学习习惯差、成绩差

学困生是因教育工作者不能科学施教而形成的。这些学生在学习上存在着诸多困难，而这些困难又没有得以有效化解，于是他们越来越害怕学习，越来越不敢面对学习，于是成绩越来越差。他们长时间地享受不到学习的乐趣，所以对学习丧失了信心和勇气。学困生外显的特点就是成绩差，没有良好的学习习惯。

（二）学习差影响了生活

学习是儿童的主要精神生活，在学习上的挫败感进而影响到了儿童想成为一个好人的愿望。学习是一个连锁反应，因为学困生在学习上找不到存在感，于是他们就把精力投入到了其他方面，如注重穿着打扮、表现自己的成熟等外在表现（大多也是违反学校规章制度的），以期引起老师和同学们的注意，找到存在感。所以这些孩子看起来在生活上也没有一些好习惯。

（三）自卑感变成了反抗，进而影响到品质

学困生因成绩差，找不到存在感，又因长时间遭受周围人的鄙视，故而有较深的自卑感，一开始都有一种抬不起头来的感觉。"沉默啊，沉默，不是在沉默中爆发，就是在沉默中灭亡。"有的孩子在自卑中变得越发沉默，成天郁郁寡欢，独来独往，不合群；有的孩子干脆在重压之下奋起反抗，"我反正就

这样了,你能把我咋的?"于是他们变成了老师家长眼里不听话的坏孩子。

总之,学困生大多具有成绩差、习惯差、没有毅力、爱撒谎、爱违反纪律、顶撞师长的特点。在那些所谓的"正常人"眼里,每一个学困生都是一朵奇葩。

看到学困生的这些特点,你还愿意帮助他们吗?

三、学困生转化的思想理念

(一)尊重差异,正确认识学习这件事

人性的一大弱点就是,人总是受思维定式的影响,认为自己就是对的。一直以来,大部分老师都把学困生的成因归结于学生自身不爱学习、家庭管理不当等外在因素,从来也没有站在自身的角度反思一下。学困生的成因确实是很复杂的,但我们不能排除不能否认的一点因素,也是很重要的一点因素,就是因为教师没有因材施教,没有尊重差异,没有个别对待。这才是根本因素。学生的主要任务就是学习,而影响学习成绩好坏的最主要因素就是教师是如何看待学生成绩,如何传授学生知识的。抛开主要因素不谈,只顾其他枝蔓因素,无疑是缘木求鱼,不能很好地解决问题的。

有了这样的理念为基础,你才会以人为本,你才会把每一个儿童都当成活生生的人,你才会尊重每一个儿童,你才会想尽办法培养、保护、提高儿童的学习愿望,你才不会仅仅以成绩论成败,你才不会把成绩跟人品挂起钩来。

(二)转化学困生必须要付出极多的时间与精力

学困生的成因是复杂的,同样学困生的转化也是极为复杂的,需要我们付出极多的时间与精力。根据学困生的特点,我们谁也不要指望通过三言两语的说教,哪怕是通过你几次用心的付出,就能彻底把他转化好。冰冻三尺,非一日之寒,学困生的转化具有极大的反复性,他们时好时坏,这一点我们必须要有足够的心理准备。我们必须准备着时刻与困难做斗争,与自己做斗争,我们必须准备着"把自己的全部身心献给儿童"。

四、学困生转化的具体办法

(一)尊重差异、分层施教

"学困生",顾名思义,其主要成因还是与学习有关。转化学困生最有效

的办法就是根据每个学生的不同情况，制定不同的学习目标，布置不同的作业，进行不同的评价。只有这样才能让每一个儿童享受到学习的乐趣，只要学生在学习上不放弃，还有学习的愿望，我们就能把他培养成一个合格的公民。

（二）"交心本"打开师生用心交流的"金钥匙"

对教师来说，了解学生的内心世界是一门"必修课"，也是我们教育工作者获得成功的重要"筹码"，运用"交心本"进行交流恰恰是一种很好的方式。于是我让学困生同学每人制作了一本"交心本"，把自己在生活或学习中的心事或烦恼写下来，字数、内容不限，一周上交一次。对这些心事和烦恼，我逐一解答——或书面回复，或面对面交谈。通过这种方式，我解决了他们的不少问题，我坚信这一简单的方法和方式所起的作用肯定能保护好学生的自尊心，进而激发起他们的学习激情。

（三）创设宽松的沟通环境

操场上、宿舍里、上下班的路上，或是请学生到自己家里，越是在这样宽松的环境，学生越容易敞开心扉，师生之间的交流也越融洽。学生也越容易感受到老师对他的关心和爱护，师生之间也越容易走进对方的心灵。教育就是用心灵赢得心灵啊。

（四）主题班会课

让学生找到存在感的方式就是善于发现学生身上的闪光点，并广而告之，让他进一步感到自豪感。对此，我常用的做法，就是利用主题班会课"我来夸夸你"。让学生们平时多观察这些学困生的言行举止，从中找出好的方面来，然后在班会课上夸夸他们。另外，让学困生感到所有人对他的真诚也很重要，我们可以夸他们身上的优点，也可以针对他们身上的缺点做真诚的劝说。为此，我也在班会课上让同学以"某某同学，我想真诚地对你说，请你……"为主题，真诚地指出学困生身上存在的不足。

另外，关于学困生的转化，我常用的方式还有家访、推荐阅读、生病探望等。其实，关于学困生的转化，真的是教育有方，没有定方。只要你热爱教育，只要你愿意突破自己，你总能根据具体情况找到适合的方法。

尊严来自智慧　智慧来自学习

　　学生犯了错误，教师对其施以责罚，一定是顺理成章吗？面对老师的责罚，学生们为何欺软怕硬，对有的老师视若仇敌公开反抗，而对有的老师却言听计从、恭敬有加呢？教师的尊严、面子来自哪里？

　　作为教师，在课堂上我们经常碰到一些"胆大妄为者"，他们常常用一些五花八门的手段来扰乱课堂秩序，例如：睡觉、看课外书、吃东西、说话、逗引同学等。面对这样的学生，我们该如何处理？大多数老师要么是不闻不问、顺其自然；要么是怒从心头起、恶向胆边生，对其责骂甚至拳脚相加。这样的处理方式我们早已司空见惯。可这样的处理方式到底对不对？

　　对其不闻不问、顺其自然，这是一种漠视和放纵，这是对学生的放弃和绝望。这样的学生在老师心里早已无可救药，咱惹不起还躲不起吗？对其责罚是一种以恶制恶，是用一种错误的方式来处理一个自认为错误的问题。这样的老师，往好处说还是比较有责任心的，但更多的是一种功利心，你上课扰乱了课堂秩序，老师教不好，学生们也学不好，你这不是对老师的公然挑衅吗？真是是可忍，孰不可忍！

　　老师对这样的学生进行责罚，表面上看起来理直气壮，可这样的学生有好多根本不买老师的账，面对老师的处理会公然反抗。这叫老师情何以堪！这确实是很丢面子的一件事，于是矛盾产生了，甚至激化了。

　　这些表面上看起来不可理喻的学生，并不是对所有的老师都敢做出如此激烈的反应。他们面对那些比自己威武强壮的老师时一般是不敢公然反抗的，顶多砸砸然，敢怒不敢言罢了。欺软怕硬是人的一种劣根性，这我们可以理解。但他们对另外一类即使不如自己强壮的老师更是言听计从、恭敬有加。这类老师到底是怎样的老师呢？我想这样的老师肯定是一些有教育智慧的老师。而老师的智慧却是来自教育情怀。有了情怀，才有了奋然前行、摆脱困境的力量。有智慧有情怀的老师，他们深爱教育深爱每一个学生，他们信任学生尊重学生，他们眼里的学生不是一个词语，而是一个个具有鲜明个性的独一无二的人，他们尊重差异理解学生，他们能将心比心，有儿童视觉。这类老师在处理学生问题时绝不会不问青红皂白、简单粗暴，他们总是因人而异、对症下药。他们用尊重赢得了尊重，用信任赢得了信任，用理解赢得了理解，用智慧赢得了尊严赢得了面子。

教师的智慧不仅仅是一种先天的修养，更是在后天的学习实践中磨炼出来的。读读苏霍姆林斯基的作品，你就知道，他能喊出："执拗性格万岁！"他能告诫人们，对学生："任何时候都不要灰心失望。"他还说："我把整个心灵献给孩子。"像这样的情怀和胸襟怎能不赢得学生的爱戴和尊重？

古人说："知己知彼，百战不殆。"我们要教育学生，先从了解学生入手吧。学生既然敢在课堂上公然违反课堂纪律，必然有其深层次的原因。我曾写过这样的一篇日志：

从没有天生就不要脸的人，所有不要脸的人，都是被生活逼迫所致。也从没有天生就有问题的学生，所有问题学生都是因家长和老师所致，要么逼之过甚，要么纵之过甚。

问题学生大多都有"金钟罩铁布衫"护体，任你刀枪剑戟莫能侵之。众人皆谓之不要脸、脸皮厚，厚得三刀子割不出血来。可存在即合理。其实，不要脸的背后是不堪的往事，是无奈的心酸，是娇惯的苦果，是任性的账单。问题学生往往是同学们的笑柄，人们茶余饭后的谈资；问题学生也往往是老师眼中的沙子，欲除之而后快；他们更是父母眼中的逆子，恨其不争。问题学生真的不容易，所有人都不待见人家，所有人都视人家如怪物。这让人家情何以堪？问题学生因长期被鄙视，思想压抑，也难怪人家时不时就要搞点小动作、大动作，以期博得人们的关注，更是释放心中的愤懑。

试想，谁愿意不要脸，谁愿意被漠视被鄙视？孩子就是孩子，他们思想不成熟，难免顽劣，难免任性。可大人呢？你总该站得高看得远一点吧。可你为何难容他们的顽劣，又为何放纵他们的任性？

所有问题学生都是可怜的,所有人的内心深处无不是向上向善的,他们也是如此。自视为正常的人啊,请以宽容的心态、审视的目光来对待他们吧。鄙夷漠视的目光,尖酸刻薄的语言,这些至刚至猛的功夫根本打不败他们。破解金钟罩铁布衫的武功,非太极式的绵绵之爱不可。

我想这就是对学生的理解。

有了对学生的理解和信任,才有了对学生的尊重,才能与学生处好关系。"士为知己者死,女为悦己者容。"当你和学生之间建立了良好的师生关系,你的教育就是有效的。即使你大发雷霆,你的眼里依然有真挚的光芒、温柔的关切,学生们依然对你尊敬有加。怪不得李希贵说:"教育学首先是关系学。"斯宾塞曾说过,不要希望儿童有大量的美德,教育者的全部奥秘就在于如何爱护学生,如果你讨厌学生,那么你的教育还没有开始实际上就结束了。

那些看到学生犯了错误就怒火中烧的老师们,我相信你们也有强烈的责任心,也有浓浓的爱心。只不过你们的责任心、爱心里面可能掺杂了过多的功利性的东西,你们对教育的理解可能还不够深刻,你们可能还缺少一点教育智慧。别急,慢慢来,学会阅读,学会思考,你就会拥有自己的教育智慧。

拥有教育智慧,才会拥有尊严。

"自我教育"运用尝试

道德的教育离不开教育者的自我教育，教育者的自我教育是教育者教育学生的前提和基础。道德教育的最终目的，是让学生从他律逐渐走向自律，从被动地接受外在规范走向形成自己的良心法则。教育与自我教育必须紧密地结合起来，教育的最终目的是促成学生的自我教育。因为孩子的道德感，必须源于主动的建构，而无法形成外在的灌输。

好为人师是我们教师的一大通病。我们教育学生的目的都是善意的，都是为了学生好，这也是我们理直气壮地教育学生的理由。表面上看起来，这并没有错。可不同年龄的学生就有不同的思想、心理特点。我们不分学生年龄特点，一味地采用教育的手段，恰恰是违背了教育的规律，其结果往往是事倍功半，甚至劳而无果。

年幼的儿童（七八岁前），对这个世界的一切都充满好奇，他们思想单纯，求知欲强。同时他们还没有形成自己明确的思想意识，对家长、老师的依赖性比较强，所以他们更容易接受教育。对其，我们采用教育的手段效果很好。但青少年时期的儿童，因为对周围的世界、社会有了更多的了解，他们有了更多独立的思想，他们更喜欢表现自我、突出自我，所以他们不喜欢被灌输，不喜欢凡事都接受被动的教育。对其，我们应该把教育和自我教育结合起来。

所谓自我教育，就是在师长的引导下自己教育自己，自己强迫自己，就是让他们在具体的事件中去考验和尝试自己的力量，去锻炼自己。我常说，人的一生就是和自己的懒惰、缺点做斗争的一生。没有自己与自己的斗争，就没有真正的成长。

青少年之所以愿意自我教育，除去其相应年龄的心理特点之外，还有一点就是，没有哪个人的内心深处不是向上向善的，只要克服自己的缺点就能取得进步，谁也愿意去尝试一下。至于能否坚持，还要看自身的不足有多深，自身的承受力有多大，别人对他的影响有多深等因素。

对学生进行自我教育的尝试。

疫情期间是一个特殊时期，这个期间，学生们离开了老师的督促、榜样同学的引领，在学习上几乎处于一个无政府状态。疫情无定期，时间一长，农村学生的家长，除去个别虎爸虎妈，在学习上几乎都hold不住自己的孩子。怪不得家长们都大呼："再不开学，家长和孩子都要疯了！"在这种情况下，对孩子最好的教育就是引导孩子做自我教育。

我给学生们写了这样一封信。

亲爱的同学们：

"岁月不居，时节如流。"朦朦胧胧、稀里糊涂间，年过了，十五过了，清明也过了，五一就快到了，那六一还会远吗？你们是不是还在盼望着六一儿童节？也许你认为老师是在笑话你们，可不是吗？根据家长的反应和我的观察，在我眼里，你们就是一群还没长大的"儿童""小孩"。不信，请看同学们的"精彩"表现。

当窗外早已是百鸟和鸣、春光冉冉时，是谁还在梦境中呓语？

当一声河东狮吼震天地，是谁还在装死？任你军号鸣，任你万马嘶，我自岿然不动！

当老师在自我陶醉地直播时，是谁趴在被窝里依然睡眼蒙眬？又是谁如匆匆过客，看一眼热闹后又迅速离去？又是谁身在网课心在游戏中？

当夜已深沉万籁俱寂时，又是谁正两眼放光、精神抖擞地躲在被窝里玩得正嗨？

不说了，不说了，你们的"精彩"表现简直令人五体投地了。可这精彩的背后不正是一种我行我素吗？不正如小孩一样任意胡为吗？不！连小孩都不如，小孩子还知道听话，你们是连话都不听了。

孩子们，其实老师很理解你们，理解你们的迷茫，理解你们的不听话，因为你们觉得自己长大了，不愿意听家长的唠叨，不愿意受太多的管束，你们想要自由，对吗？可真正的自由，不是想做什么就做什么，而是不愿做什么就不做什么。是不为外物所奴役的。你们的表现恰恰是被安逸的生活（睡懒觉、玩游戏等）所掌控了。你们离开了父母的掌控，却又陷入了外物的奴役之中。这是最可怕的！因为，你们已经失控了，你们正在用过多的玩乐和满足喂养自己（包括家长对你们的妥协，也是这样），这样做只能在你的精神里播撒空虚和无聊。外面精彩的世界、鲜活的生活仿佛都与你们无关，什么家庭义务、亲人、学习，你们都不在乎了。

孩子们，既然你们不愿意听父母的话，那我们换一种方式，你们愿意听自己的话吗？想听自己的话，就得学会审视自我、认清自我。别忘了，你们从年龄上来说，已经是一个少年了。苏霍姆林斯基说："一个少年，只有当他学会了不仅仔细地研究周围世界，而且仔细地研究自己本身的时候；只有当他不仅努力认识周围的事物和现象，而且努力认识自己的内心世界的时候；只有当他的精神力量涌来使自己变得更好、更完善的时候，他才成为一个真正的人。"

我想每一个人的内心深处都是向上向善的，都想成为一个真正的人。那就从认识自己，用自己的精神力量来改变自己开始吧。

为了帮助同学们更好地认识自己，我建议同学们都做一下自我反思，写成一篇作文。先在草稿纸上列一列疫情期间你对自己满意的表现有哪些；不满意的表现有哪些。然后问自己，在哪些方面我还可以做得更好，我要如何去做。最后整理思路写下来。最好是把自己要改进或要挑战的事情列到一张纸上，贴到墙上，让它像一口警钟，时刻提醒着你。

这件事，我不强迫你，一强迫就变了味儿。我只是想让同学们通过一些具体的事情去考验和尝试自己的力量，让自己变得更优秀，让今天的自己比昨天的自己更进步。想想，我们的生命里，不仅仅只有自我，还有家庭和亲人，还有丰富的生活，人不光是为自己活着的。想到这些，我想但凡有良知的同学，都会愿意改变的。我也相信同学们愿意改变自我。

另外，我建议，从明天起，你们不用报平安了，就按如下格式在班级群里汇报，汇报时间为睡觉前。

（1）某某今天几点起床，几点睡眠。

（2）学习时间为几个小时，全部完成老师布置的作业或完成了哪几科的作业及复习工作，自学了什么内容。

（3）读了什么书，多少页。

（4）做了哪些有意义的事（如锻炼身体、做家务等）。

（5）自我评价，按优秀、良好、一般、不满意四等进行评价。

先按这五项汇报，如果哪一项没做，就空着。第二天汇报时，再和昨天的总结做一下比较，有进步就为自己自豪，无进步也别气馁，明天我们再扬帆起航。

记住，你们是在挑战自我，没必要撒谎，只要心安理得就行了。

当你们在自己身上看到进步的时候，你也就走上了自我教育的正途，你也就开始了真正的成长，你也就开始变得更强大起来了。

期待着你们那美好时刻的到来！

我天天整理学生们的汇总，并和个别学生进行了单独沟通，到目前为止，全班同学，除去五个同学外，都已经把每日生活汇总当成了一种习惯。关键是任课老师反映孩子们的作业都能完成了，家长们也反映孩子最近表现懂事了。

我的教材观

朱永新说："一个人的精神发育史就是他的阅读史。"而每个人的阅读史的真正起点又是从学校教育开始的。学校教育离不开教科书，于是教科书的内容直接影响着一个人的精神发育史。因此，从国家层面来说，对教科书的编纂绝对不敢掉以轻心。事实证明，教科书里的内容都是经过众多专家学者精心挑选的，其中汇聚着他们的专业智慧和学科水平。其内容是绝对符合学生身心发展的。

但在现实中，因众口难调，一书难趁百人心，总有自视清高者以"怀疑"真理为乐，喜欢吹毛求疵，对我们的教科书横挑鼻子竖挑眼，直至批得体无完肤、一文不值才觉得过瘾，才觉得彰显了自己的"本事"。放在教学上，就是把教材边缘化或神圣化。其实这是一种典型的狭隘思维，总是把任何事物看成不是好的就是坏的，非黑即白。这是以自己的认识来衡量他人的高低，顺我者昌，逆我者亡。

客观地说，我们的教科书确实存在着一些弊端，但我们的教科书一直在改进，一直在适应时代的发展。其实任何事物没有最好只有更好，我们可以追求更好，但不要追求完美，追求完美是人类的一种疯狂和愚蠢之举。

凡事信则灵，不信则不灵。我相信教科书，是因为我相信国家，相信众多专家的水平和智慧。

书是好书，关键看怎么用。叶开博士说："百分之九十的语文老师都得回炉改造。"此言绝非危言耸听。给你一篇教材，不借助教学参考，有几人能备出一节像样的课来？我想制约着教师课堂教学水平高低的主要因素就在于教师的教材解读能力，课标分析能力等。"全面正确地解读教材是教师的第一基本功，也是提高教学质量的第一前提。"我们教不好，千万不要怪罪教科书有问题。有问题的是我们的教材解读能力，或者说是受我们的教育教学素养、教育教学视野所限而引致。

余文森教授说："课堂教学的核心任务就是解决教材与学生的矛盾。"其实这是教学的落点。教学的起点，首先应该是解决教师与教材的矛盾。

教材之于我们，尤其是语文教材，就像馒头米饭之于我们，这是我们的主食，不可或缺。但身体成长所需的营养，绝不是仅仅从此中吸收而来，它还要辅之以大量的蔬菜、水果和肉类。同样，拿语文教材来说，没有哪一篇是非学不可的，也没有哪一篇非得可以不学。但如果我们仅仅学教材，抓住教科书不放，同样也会患上营养不良症。从精神营养的角度来讲，语文教材就是米饭馒头，课外书才是鸡鸭鱼肉。

教育也该有点冲动

近读李镇西老师的作品,勾起了我对教育体罚和惩戒的一些思索。

李老师说:"有体罚的教育,是畸形的教育;没有惩罚(惩戒)的教育是不完整的教育。靠体罚来教育,是教师的无能。善用惩罚是教师的智慧。"他还说:"最后我还要强调的是,无论怎样的惩戒,都不能伤害学生的身体,也不能侮辱学生的人格——惩戒肯定也必须要触及震动其心灵,但这和侮辱人格不是一回事。"

其实,关于体罚和惩戒教育的争论一直不绝于耳,但其理解却莫衷一是。我对李老师的这些话基本上深表赞同,尤其是"不能侮辱学生的人格",这也是我一贯遵循的原则。但他又说:"无论怎样的惩戒,都不能伤害学生的身体。"一开始我还只是感到惭愧,因为我有时候还是忍不住怒火而对学生拳脚相加。这岂不是无能的表现?可思来想去又想不明白。

对于那些行为恶劣,在当时看来其品行低下的学生;对于那些屡教不改,且又触犯众怒的学生,在你实在没辙且又怒火中烧的情况下,你能忍得住不对其责骂不对其体罚吗?也许那些富有智慧的大师们能做得到。在我看来,那真是一种"不以物喜,不以己悲"的圣人境界。反正于我这样的凡夫俗子来说是忍不住做不到的。

有一次,有好几个学生围殴一个学生,有个女老师在场,根本拉不开。我当时是喊着骂着冲进人群里,对那些围殴者拳打脚踢,才把他们轰走。当时的我也有被他们围殴的可能,但那时的我已全然不顾。因为在我眼里,那时的他们都已成了恶魔,我是在伸张正义。包括对张某,全班同学对他恨得牙痒痒,我不揍他一顿无法给众人一个交代。还有对那些连抄抄写写背背记记的作业也不能完成的学生，你和他定好了时间，也让他根据自己的水平定个完成时间，他们也要无限期地拖下去，最终也是无果的。这样的学生，绝不是学习能力的问题，明显是学习态度的问题。你尊重他，和他商量完成时间，你宽容他，允许他延后，可最终的无果让你怎么办。有智慧的老师也许会说："是你人格魅力不够，你的授课能力有限，你还吸引不住学生。"是的，确实如此。可我们的人格魅力、授课能力是一下子提上去的吗？等你水平提高了，这些学生会变成什么？我不敢想象。有智者又说了："别体罚他，可以对他进行合理的教育惩戒。"可在我看来，这合理的惩戒似乎就是一种托词。什么叫合理，学生能够接受、家长能够认可的教育手段就是合理的。

当然，在聪明的理智的老师眼里，他们面对这些邪恶事件、顽固事件，也许会报警或报告上级，也许会不急不躁地上去劝说教育，至于能不能解决问题，反正我已做到了老师的职责，哪有不犯错的学生啊，我们要冷静理智地处理学生问题，我们要依法处理学生问题，该劝的劝，该说的说，该反映的反映。这一点错误都没有。可我却觉得这样的教育怪怪的。教育如果抛弃了激情与感性，只剩下理智与冷静，那就等于抛弃了善恶与是非。如果教育只剩下明哲保身，那我们的教育就会变得更加冰冷。

如果谭嗣同是聪明的理智的，早已潜逃他乡，继续活命，就不会发出"各国变法，无不从流血而成，今日中国未闻有为变法流血者，此国所以不昌也。有之，请自嗣同始"这样的悲壮之声；如果荆轲是聪明的，就不会演绎出"风萧萧兮易水寒，壮士一去兮不复还"的绝唱；如果陶渊明是冷静的，就不会狂掷出"吾不为五斗米而折腰"的豪言……不说了，不说了。如果生活中仅仅是理性与冷静，那样的生活将会是怎样的一种苍白？那样的社会又会是一种怎样的悲哀？在当权者眼里，孔丘与孟轲的奔走呼告是幼稚的；在安禄山、李希烈眼中，颜真卿的抵抗是可笑的。

其实，聪明的人，你永远都不能理解，幼稚、冲动与激情有时也是一种更高的智慧！

当然，我不是否定李老师的教育观点。每一个突发事件都蕴藏着无限的教育契机。而要把握住这种教育契机，真的需要教育智慧。而教育智慧，是我们每一位教育者毕生所追求的。如果你没有足够的教育智慧，你可能做不到完全不体罚学生，但你可以做到，不管在哪种情况下都不要伤害学生的尊严和人格，因为这和教育智慧无关，这是教育者的品行和良知。

处在社会的转型期，在教育法规不健全的当下，我们可以冲动，但不要丢弃良知。

善良需要培养

不知道人们有没有发现，其实有些小孩子的行为是非常残忍的。有些小孩子喜欢虐待小动物，比如死死地抓住小狗小猫，把它们扔来扔去；至于水淹蚂蚁洞、火烧小虫子等行为，也许早已司空见惯。

至今记忆犹新的是，小时候，我们几个小伙伴自制"钩镰枪"，到处寻找猎物，一旦碰到撒在野外的家畜，就争先恐后地扑上去，给它来上一枪，然后在它们的狼狈逃窜和嗷嗷的惨叫声中发出放肆的笑。更甚的一次是，在野外实在找不到猎物了，我们几个竟然跑到人家的猪圈里撒野。现在细想起来，真是野蛮残忍、无法无天。最残忍的一件事是在小学五年级的时候，我们班里几个大点的男生，捉来几只青蛙，用导体把它们拴住，通上电，看着它们绝望挣扎、痛苦哀鸣。面对如此残忍的景象，他们竟然还能露出狰狞的笑容。那时，我的心也仅仅是颤抖了一下，竟然不敢加以阻止。

一个个看似纯真的儿童，怎么竟会有如此残忍的暴行？难道真的是道德败坏吗？以成年人的视角看也许如此，但实际上其行为的背后是一种无知，有道是无知者无畏；也是一种好奇，正所谓好奇害死猫；更多的是内心深处潜藏的恶在蠢蠢欲动。

总之，面对儿童的这些"残忍"的行为，家长和老师必须加以引导，否则你的孩子也许真的会善良不再，甚至会成为一个暴徒。

我在想，关于人的"性本善"与"性本恶"的话题，早已争论了几千年，至今还未有定论。我倒是更认可人性"善恶杂糅"论。也就是说，人的身上都隐藏着善恶两种基因，至于你会成为一个什么样的人，就看你经历的生活是善还是恶，而你所经历的生活又跟你所处的环境息息相关。

人都是环境的产物，家庭、社会及学校是一种环境，人自身的经历更是一种别样的环境。它对人的影响极其深远重大。一个听着故事、读着好书长大的孩子，和一个成长中从不读书的孩子，其精神高度完全不在一个层面。听故事读书，这既是一种经历，也是一种重要的环境。

小孩子懵懂无知，对事物的感知能力弱，是非善恶难以判定，犯下错误尚可理解。但作为家长老师，切不可以此为借口，任其自由发展。请记住："善良的孩子不会从天而降，那要去培养。"如果在童年培养不出善良的情感，那就永远也培养不起来了。人在童年时期应当经历一个培养情感的家庭和学校、培养善良的家庭和学校。

第四辑

师生情长

——幸得识卿桃花面,自此阡陌多暖春

痴情化诗传心语

我是一个语文教师，语文教师应该是一个"种诗"的人。我也是一个班主任，班主任的主要工作是教化学生，而诗歌则具有很强的教化功能。中国是诗歌的国度，具有诗教的优良传统与氛围。子曰："不学诗，无以言"，我喜欢古诗词，也经常诌一点小诗，所以常常用诗词与学生交流。

每个人来到这个世上，便有了一个名字，一个符号。这个名字无论是俗是雅，无不寄托着长辈对孩子的厚爱与期望。只是大多数家长没有向孩子解释说明，孩子们对其名字的内涵往往不自知罢了。

每接手一批新的学生，我都会研究学生名字的内涵，据此，把所有孩子的名字化作一首嵌名诗。其中隐藏着我对学生们真挚的情谊和无限的期望。通过嵌名诗，孩子们就会发现自己名字的玄妙，对其今后的生活和成长就会起到一个积极向上向善的指导作用。另外，学生们还会发现自己的名字和其他所有同学的名字融为一体，这也是培养学生集体荣誉感的得力举措。

以下是本届学生的嵌名诗：

八六嵌名诗

浩瀚宇宙，银河苍茫。云行雨施，万物生长。神州大地，鸟语花香。今非昔比，国富民强。日新月异，百姓安康。欣欣向荣，福禄成双。昊昊中华，君子荡荡。贤者俊杰，兴国安邦。龙的传人，志在四方。炎黄子孙，傲雪凌霜。

最美实验，书声琅琅。风清气正，斯文在兹。文化传承，培育栋梁。且看男儿：形象伟岸，志存高远。光明磊落，胸怀坦荡。晓文明理，儒雅风范，斗志昂扬。再看巾帼：瑰意琦行，玉珂鸣响。袅娜娉婷，惠外秀中，国色天香。

楚楚动人，冰清玉洁，内柔外刚。莘莘学子，博学多才，济济一堂。

愿我儿郎，一路平安，奋发图强，百炼成钢。祝我华夏，国泰民安，继续伟大，再创辉煌。

谁无暴风劲雨时，守得云开见月明。没有谁的生活总是坦荡如砥、一帆风顺。生活总是在不经意间和你开个玩笑，给你一点挫折，给你一点困惑；人非圣贤，孰能无过？尤其是作为成长期的孩子，他们总是不断地重复地犯错，这是成长路上的必然。无论是生活欺骗了你还是你欺骗了生活，千万不要被生活打败，陷在失败的泥潭中不能自拔而自暴自弃；也不要自作聪明继续欺骗生活。就让生活重新再来吧！

假如生活重新再来

假如生活重新再来

我要告别昨日的苦闷与彷徨

向着明亮的那一方

奋力向上成长

假如生活重新再来

我要放下那些自作聪明的主张

一步一个脚印地

远航　远航

时光虽不能倒流

生活亦不能彩排

但生活可以重新再来

无论你是十五岁还是四十五岁

悲莫悲兮生别离，乐莫乐兮新相知。从接班相识，到两年厮守，其间的生活或悲或喜，或甘或苦，但无不情真意切，无不深深地烙在我们师生的内心深处。可暑假期间，忽然传来要重新分班的消息，闻此，学生们群情激奋，我更是情难自已。为了顾全大局，我不能固守己见，但情郁于中，不得不作词一首，以排己之情，以平生之愤。

贺新郎　别离

小子平安否？便归来，物是人非，那堪回首！胸中块垒谁慰藉，师慈生贤情幽。难相忘，从前五六。多情自古伤离别，恨只恨，无有力挽狂澜手，分与合，周旋久。

劝君且把笑容露，细算来，师生依旧，何必忧愁？仰天大笑出门去，莫学小儿和泪流。只分班，同在三楼。相逢一笑缘不尽，情在左来谊在右。归去也，向前走！

又是一年毕业季，签字留言，拍照留念，截留录取，分流动员……一切都还是那么热热闹闹。可热闹后的不久，却又是执手相看、无语凝噎的泪洒别离。我是一个心软的人，总见不得那些悲凉凄切，所以我总是害怕毕业季，害怕分离。于是每到毕业季，我从不敢单独召开毕业别离类的活动。但我又是一个对学生用情至深的人，那份情感是剪不断理还乱，是隐匿在胸中绵绵不绝的。于是我不得不把这份情感化作诗词抛洒于别离间。

别离（一）

绿树浓荫花却疏，
无可奈何春已去。
曾是同窗紧相随，
高歌一曲天涯路。

别离（二）

芳草萋萋百花残，
蓦然回首春光浅。
同窗三载情如磐，
大步向前防肠断。

用诗歌与学生交流，真是无声胜有声，它不仅起到了很好的教化作用，而且在学生的心田种下了一颗诗的种子。我期待着，在不久的将来，这颗种子能够生根发芽、开花结果。

多给孩子留点空间

今天上班会课之间,班长找到我,说和我反映问题。我把她领到楼道的拐角处,刚站定,她就匆忙说:"老师,这个班长我不想干了,你看我当了班长之后,光犯错,净给您添乱了。"说罢,竟捂着脸嘤嘤地哭了起来,我见她有点激动,连忙安慰她:"哪有不犯错的,老师还有时候犯错呢,别着急,有什么事快和老师说说。"她自责地说:"前几天订考试用品,每个学生交了十块钱,到最后一统计少了十元钱,怎么查对也没找回来。今天发这些考试用品时,不但少了一个同学的,还有好几个同学的用品也不全,可能是我买错东西了。"我知道这是她工作上的一点失误,但我觉得她更需要安慰。我云淡风轻地说:"我当多大事呢!不就是少了十元钱吗,咱从班费里补上就行。这么多人,差一个人的钱,这很正常。你也不用过意不去,以后再小心点就行了。至于差的学习用品,今天再找街上的同学给捎回来不就行了。没事的,你刚当班长不长时间,老师能看出你很尽力,这就足够了。工作上难免有失误,以后再多用点心。我永远是你坚强的后盾,以后工作上的事,放开手脚,尽管干。快别胡思乱想了。"她听我说完这些话,情绪也慢慢平静了下来。她似乎还要和我解释什么,我见上课时间已到,就拍着她的肩膀说:"行了,大班长,我们去上班会吧。"她这才跟我走进教室。

俗话说:"疑人不用,用人不疑。"我这个班长是本学期刚换的一个同学,她叫时智琦。分班时,是班里的第一名,年级第六名。她特别引人注目,黝黑的皮肤,利落的短发,一双水汪汪的眼睛特别有神,再加上她口齿伶俐,说话特别有底气。给人一种特别机灵、干练的感觉。

她本是我们班的数学课代表,但一次英语早读时,她站在讲桌前领读英语。我有点纳闷了，好好的两个英语课代表不领读，怎么用数学课代表领读英语呢。我问英语课代表，她们说是英语老师这样安排的。我又问英语老师怎么回事，英语老师嘿嘿地告诉我："那两个英语课代表太温柔，压不住场子，我见时智琦声音特别洪亮，且有点霸气，就让她领读了，效果很好。"真是优秀的孩子干什么都行。

但你千万别被她的优秀迷惑了，她可不是一个省心的孩子。开学后，她的成绩一下子就从班内第一降到了第三，更厉害的是从年级第六降到了第十八。我分析了一下她的成绩，语数外这三门主课都还好，就是其他科目都不是很理想，尤其是历史，只考了30多分。我找她谈过话，她说就是不愿意学历史。我还劝她说："千万不要因为兴趣而影响了成绩。"并希望她今后认真对待各个科目，她也表示今后尽量努力。当天晚上我还和她的家长电话沟通了她的学习情况，她妈告诉我，孩子一进门就哭，说自己考砸了。我想知耻者后勇，这样有上进心的孩子，今后肯定会追上去的。可她的成绩从此几经反复，到现在依然没能追上去。

我平时特别留意她。她曾经涂过红指甲，抹过淡淡的口红，还带了耳钉。像她这样一个机灵鬼，看她如此模样，真是令人哭笑不得。因为我从内心深处还是很喜欢这孩子的，所以也没有声色俱厉地数落她，也没有认为她就是不务正业，就是学坏了。她只不过是好奇，贪玩罢了。我教育她，要保持一颗单纯的心，人一不单纯了，就会从外在的行为表现出来。她倒也很听话，一说就改。但她是接二连三地犯错，后来又带了一部破手机来学校，还明目张胆地拿出来和同学显摆。哪有如此大胆的，连藏着掖着都不会。你看她是不是太贪玩了？

后来我又和她家里联系，才知道，她从小就很聪明，学习上基本不吃力，玩着学就能考第一。到了初中还是玩心不改，家里一督促她学习，她就反驳，你们不用管我，我到时候能考好。现在考差了，她就会狡辩，下次保证能考好。所以平时还是该怎么玩就怎么玩，家里拿她是一点办法也没有。家长还非常着急地跟我说："老师啊，我们是真的管不了她，她还是听老师的话，您就多管管她吧。"鉴于这种情况，我是隔三差五地就找她谈谈话，或激励或督促甚或批评，可始终没见效果。我似乎是找不到破解她这道难题的方法了。每次和她谈话，人家总是一副乖乖女的形象，好好好是是是，我总是期待着她的变化，可每次期待总是化作失望。

她依然在语数外方面是强项，尤其是数学。初一下学期，数学老师请产假，学校一时没能找到代课老师，她就一直带着同学们上数学，还有板有眼的。在这种情况下，我们班的数学竟然考了全年级第二，这真的得益于她的努力。可她的问题还是表现在其他科目上，最多60来分，甚至不及格。我就不信了，一个语数外成绩如此优秀的孩子竟然学不好其他科目，这不是贪玩吗？用她自己的话来说："这些科目到时候就能学好。"可到什么时候啊？傻孩子，你怎么就如此执迷不悟呢？

本学期初，我建议她竞选班长，想以此来提高她的责任心，抑制她的玩心。她倒是没有过于推脱就接受了我的建议。自上任以来，她也确实很认真，就是经验少点，有时难免会有工作上的失误。加上玩性一时难收，有时候还管不住自己，经常跟同桌说悄悄话。为此也有老师给我提意见。但我想给孩子这样一个锻炼的机会，没有时间的考验，我们就不能妄下断语。信任孩子，允许孩子犯错，给孩子留下成长的空间，也许在某个不经意的时刻，你会发现她长大了。

但愿如此吧。

敞开心扉给人看

亲爱的同学们：

你们好！好长时间没跟你们这样倾心交流了，借这次班会时间跟同学们交流一下。希望你们能静心、耐心地看完这封信。

我知道，好多同学对这次期中考试的成绩非常关心，但你们关心的仅仅是个人的成绩，其实，个人的成绩你们早就知道了。我不知道你们对于个人的成绩满意与否？是否做过成绩分析？是否找寻过原因？也许你们还要问，我的成绩是进步了还是退步了，我在班里是多少名啊。我想这些都无关紧要，重要的是你对自己的考试成绩是否满意？

我不知道，你们是否关心过咱们班的成绩？我来简单分析一下：年终考试时，咱们的语数外还有几科副科成绩都是名列前茅的，可最终因历史成绩低于其他班近16分，导致我们班总评倒数第一。这次期中测试，咱们班的数学、英语成绩稍微领先于其他班级都是第一，我很为你们自豪。可咱们班的语文却是倒数第一，其他副科也不很理想。面对这样的成绩，我真的好失落。

你们知道，我不是那种混日子的人，我是想干一番事业的，要不我也不会来到一中，也不会成为你们的班主任。你们应该知道，我在工作上是尽心尽力的。

你们不知道，多少次寂静的午休中，当别人躺在床上舒适地小憩时，我还在办公室里徘徊思索；多少次晚饭后，当别人陪同妻儿幸福地在路上散步时，我却奔波在家访的路上；多少次夜深人静，当别人早已酣然入睡时，我还在挑灯夜读、奋笔疾书。尤其是到了冬天，我放着在滨州开有大暖的楼房不住，放下妻儿不陪，独自一人蜷缩在寒室，为的就是好省点时间静心读书备课啊。我曾因工作繁忙一周没有回家，儿子在电话里哀求道：爸爸，你今天回来吧，我想你。儿子的呼唤，让我泪水涟涟。儿子是我一手带大的，我知道他离不开我，可为了工作的需要，我必须暂时抛弃他和我那温暖的家。我自从来到中学，12点之前睡觉的时候几乎没有，我原本想用自身的行动熏陶影响你们，可我不知道你们有没有感觉到老师的努力？然而，现实却总爱愚弄人，两次统考成绩给了我太大的打击。有时候我问自己，你这样苦，这样累，值吗？可一想到为了让你们都能成才，都能成为一个堂堂正正的人，再多的累和苦也阻挡不了我前进的脚步。我会坚持再坚持，我会努力再努力！我坚信，苦心人，天不负！

有时我想，是不是我的努力程度还不够，还是我急功近利，工作方法不对，总之，我还没有真正把你们带动起来。其实我知道，咱们好多同学在学习上已经尽力了，可还有更多的同学直到现在还没有找到学习的感觉。我明白，用打骂的方式对一些同学最有效，可我真的不忍心那样去做，有时忍不住打骂了你们，我都要自责内疚好长时间。我想，咱们之间要是相互尊重、相互理解该有多好。

亲爱的同学们，你们能体会老师的良苦用心吗？你们能和老师一起奋斗吗？你们能和老师说说心里话吗？那么，请你们拿起手中的笔，分析一下自己的成绩，剖析一下自我，找找自己的优缺点，说说自己今后的打算吧！

期待着你们的心里话！

你们的班主任　何本清
2013年5月12日夜

给学习困难同学的一封信

亲爱的同学：

你在学习上有很多困难吧？你认为自己也曾努力过，但收获却不理想，对吗？你平时经常受到同学的嘲笑、老师的歧视、爸爸妈妈的训斥吧？你觉得学习得很累、很苦、很没劲吧？你觉得自己很没用，再也找不到自信了吧？你们觉得学习很难，学好更难吧？你觉得别人叫你"差生、后进生、班级里拖后腿的"很难听吧？……其实，事情都没那么严重，不信？现在就教你几招，让自己摆脱困境，昂首挺胸地做一个快乐的学生！

一、笑靥无价

面对困难和批评，你也许会意志消沉、情绪低落。可是你知道吗？越是这样，情况越不会得到改变，你需要的是微笑，对自己，对同学，对老师和家长。让困难在笑靥前变得渺小，让自己在笑靥前变得自信，让老师家长在你的笑靥前对你们充满希望。生命呼唤笑意，就像人生需要明媚灿烂的阳光一样。

二、拥有自尊

有的同学说："我得到了别人的很多帮助，可为什么还是没有进步呢？"答案是：帮助一个人，是要从精神上帮助的，拥有自尊才是最重要的。当得到了表扬、鼓励，你就会在别人面前有自尊，有了自尊，就可以做成很多事。如果只是一味降低题目的难度和要求，你就会觉得别人在可怜你、在歧视你，你就会在别人面前抬不起头，那你也许真会成为一个"后进生"了。所以，你需要的是自尊，相信自己，"我能行的！"

三、做好自己能做的事情

你知道吗，学习上有很多事情值得我们去做，当然，你的力量是有限的，在很多情况下都会显得茫然无助，但是，是就此罢手，还是尽力而为呢？你不能在考试中考到"优秀"，但你可以争取考到"及格"呀；你不能在班级比赛中当一名为集体争光的选手，但你可以当一个出色的啦啦队员呀；你不能改变全部，但你却可以改变局部；你不能解决所有，但你却能改变部分；你不能保证永久，但你却能保证现时；你不能改变别人，但你却能改变自己。而且，更为重要的是，谁又能否认，兴许，我们就改变了一切呢？所以，从现在开始，踏踏实实地做好自己能做的事情吧。

四、老师是你们的朋友

还有一点，你得记住：老师都是爱你们的，是你们的知心朋友。当你在学习生活上、心理上有了困惑、疑难时，你可以大胆地请教老师，他会真诚地帮助你。因为，老师是你的朋友。

好了，同学们，解决问题的方法有很多，有的也要因人而异。上面的几招对你来说灵不灵，还要经过你的实践、努力才知晓，祝愿你在新的学期里，有进步！

附：

曾被认为是差生的八位名人

如果你觉得自己是因为不够聪明而成为差生，你就跟下面这八个人比一比，其实你比他们聪明得多。

一个小孩六岁才会说话，十岁才会写字，老师对他的评语是："反应迟钝，思维不合逻辑，满脑子不切实际的幻想。"你能说他是差生吗？他就是后来成为最伟大的物理学家的爱因斯坦。

一个孩子不爱上学，上课时心不在焉，像是在做白日梦，学习成绩一塌糊涂。有一次，老师问他1+2等于多少？他回答说是3，看到老师拍桌子了，又改口说是2，同学们都说："那家伙是呆子！"你能说他是差生吗？他就是后来成为最伟大的科学家的牛顿。

一个孩子上小学时学习成绩总是在班上倒数第一，老师曾半开玩笑半鼓励地问道："你能不能偶尔也来个第一名呢？"你能说他是差生吗？他就是19世纪最有代表性的浪漫主义诗人拜伦。

一个孩子在读小学时以善于打架和讲故事著称，而学习成绩却是全年级倒数第一。你能说他是差生吗？他就是英国大文豪司各特。

一个孩子在小学毕业时因为成绩不好没有拿到毕业证书，念初一时，因为数学不及格不得不补考。你能说他是差生吗？他就是中国著名数学家华罗庚。

一个孩子曾被父亲抱怨是白痴，在众人眼中，他是毫无前途的学生，艺术学院考了三次还考不进去，他叔叔绝望地说："孩子不可教也！"你能说他是差生吗？他就是后来成为伟大的雕塑艺术家的罗丹。

一个孩子高考考了三年，第一次数学考了1分，第二次数学考了19分，第三次数学才考了79分，他就是马云。

一个孩子高考考了三年，第一次高考时的英语成绩是33分，后来他开了家英语培训公司，他就是新东方的创始人俞敏洪。

怎么样，同学们，读了以上材料，你还觉得自己很笨吗？你还为自己是因为不够聪明所以成绩不好而心安理得吗？世界上的事情就是这样奇妙，没有一成不变的事，一切都在不断地变化之中，只要你愿意变化，一切就能改变！

老师期待着你们能成为最好的自己！

班主任：何本清
2014年11月9日

假如我们师生之间都能敞开心扉多好

亲爱的同学们:

大家辛苦了!

现在我们正进入期末复习的紧张阶段,还有不到两周就要期末测试了,这是一个非常关键的时期。我知道同学们都非常累,各科老师都抓得很紧,每天都有成堆的作业,压得你们喘不过气来。甚至有些同学都快顶不住了。老师非常理解你们,也很同情你们,可现实就是如此,我们谁都无法改变。既然我们不能改变环境,就要学会适应环境。

我也只有默默地为同学们加油,希望你们能挺得住,咬牙坚持,再坚持一下,好吗? 让这种状态持续下去,很快你们就会养成一种努力拼搏的习惯,那时候,你们就会觉得学习也不过如此,没有什么困难能阻挡住我们前进的步伐。

想想我们努力一天来的那种心灵上的充实感,那是多么的幸福! 想想在不久的年终考试和中考中进步的成绩,那是多么的令人向往! 想想考场上紧张的自己,回忆起还好当初多复习了一下这样的题型,那自信挥笔的自己是多么欣喜呀! 想想那些时刻关怀我们的人期待的眼神,那是多么的鼓舞人心! 再想想我们付出的一切,包括流下的汗水和泪水,甚至忍受的痛苦和委屈,都值!

可我真的不知道,你们每个同学是否对得起我上面说过的话。反正我看到有些同学还是不在学习状态,还是有点松散。就像今天,我准备在三班里上课时,那时上课铃声已经响了,可我依然清晰地听到我们班嘈杂喧闹的声音。于是我从后窗瞅了一眼,结果发现好多同学打打闹闹、说说笑笑,完全是我行我素,根本没有一点准备上课的意识,这让我非常失望。

作为老师,我一直很怕累坏了你们,因此,我从不拖堂,一下课就让你们出去放松一下。但这也让我很担心，怕是我的放纵让你们放松了自己，怕未来的你们怪我没有多约束你们一下。上课铃声都响了，你们怎么还是继续放松，我想这不是放松，是放纵吧！我宁愿相信我的眼睛欺骗了我：你们这是学习累了，放松一下，也许你们会在其余的时间里争分夺秒、奋发向上。但愿如此！可事实真的如此吗？请同学们敞开心扉，剖析自我。

（1）你觉得自己最近的学习状态如何？请描述一下。

（2）你还有信心坚持学下去吗？

（3）你每天晚上都学到几点？课堂上你的注意力还集中吗？

（4）你认为影响你学习的因素有哪些？有没有办法克服这些困难？

（5）为了自己更好地学习，有什么建议或意见向老师们提吗？

你们的班主任：何本清

2015年1月15日夜

与2012届学生毕业后的交流

亲爱的同学们：

你们好！

咱们自中考结束后分开一周多了吧，真的是很想你们。一时间，你们突然从我的视野里我的生活中悄然消失了，真的是有点不适应。可我们不得不面对现实，即使有再多的不舍与留恋，但一想到你们长大了，即将踏上新的征程，这是一种必然规律，就像人生的生老病死一样，我的心也就释然了。

虽然说你们已经长大了，可我还是放心不下你们，总觉得还有好多东西没有教给你们，还有好多话没有和你们交代清楚。其实我也知道我这是杞人忧天，因为总有一天你们会离我而去，到外面更广阔的世界里去闯荡，去磨砺，去迎接风雨和彩虹。海阔凭鱼跃，天高任鸟飞。愿你们在今后的生活之路上勇往直前，不要害怕什么，拿出你们青年人的朝气与活力，大胆地去拼去闯吧，争取让自己的人生充实而有意义。老师会永远在你们背后默默地祝福！

昨天，因为思念你们，我登上了QQ，是为了和你们取得联系，再叮嘱你们几句话。你们果然不失我所望，到现在为止，已经有好几个同学和我取得了联系，例如：宵彤、灵君、建红、嘉乐、月瑷等。通过和他们交流，我感慨万千，感觉你们几天不见忽然长大了，懂事了。建红、嘉乐和芳芳都给我留了言，并表示对我的感激之情。看到你们对我的认可和感激，我就像个孩子似的飘飘然起来。现在把两位同学的留言粘贴如下：

两年来，您的一举一动我都看在眼里，大家也都看在眼里，您是一个多么难得的好老师啊，教育界有您应备感荣幸。老师啊，怎么办，我将要离开你了，一句两句也讲不清我的感受，您可以领会到我的心意吗？每次写作文我一直写你和子涵，你们都很重要，但我不够优秀，即使我很用心写，却也总不能真正把我的思想表达出来。很恼。今天借此机会，唯一的目的就是表达我的心意。几个月后，我就会认识新的同学，新的老师，新的教室……唯一不变的是我会一直谨遵教诲，好好做人做事，挺直腰杆不屈服，做一个像您一样令人尊敬，正直的人。好好学习，不辜负您的教育，以后的路会很长很难，没了您的陪伴我也会走得更好，您也会是一样的，我支持您的教育，也愿您一直这样做下去。谢谢您！

您的学生：灵君

老班：

其实有一些话一直想和您说，可是我们就这样匆匆忙忙地毕业了，也一直没机会。今天刚看到您在QQ上的留言，我也以这样的方式向您倾诉一下学生的心声吧。

缘分弄人，让我们相聚三年，却又让我们难分难舍。其实同学们都不舍得您，您就像一位老农，天天为我们浇水，施肥。即使我们长大了，该卖了，您还忧心忡忡地对商人说，这些树苗要好好爱护，别让它长歪了。

老师，上了九年学，不敢说阅师无数，也是见过了不少的老师，形形色色的，什么样的都有。但您在我心中却有着崇高的地位。您负责，是极度的负责！还记得您在萧瑟的秋天，一有时间就去家访；也记得您在周末，牺牲休息时间，带领大家开展野营拉练活动（虽然我因种种原因没去）；更忘不了的是，在初二您为了辅导学生，让我们几个和您在一起居住，那段时间真是胜读几年书啊。您的谆谆教导就在耳畔，您伏案读书的身影就在眼前……还有您说过的一句话："跟着我上学，一个字不认识也不要紧，但绝不能不走正道。"您的教育，是真正的教育。您重视的是学生素质的培养，而不是单单的书面知识。您用言传身教教大家逐渐往"人道"上走，所以咱班学生整体要比其他班级好很多，就连某某那些被同学们看起来无可救药的人，您还是没有放弃他们。当然，那几个学生虽不服管，可还是很怕您的。现在想来，那些人怕您的原因应该就是您的一身正气，还有您的宽广胸怀吧。

您用一些小行动告诉大家该干什么，不该干什么。还记得您把同学们掉在地上的文具以及纸屑小心翼翼地捡起来吗？虽然是小动作，但对大家却都有大大的影响。还有那次，您和几个老师领着我们去富国参加会考，车上的座位少了一个，是您站起来让给了那个女同学。您每次找同学交流完后，总是拍拍我们的肩头或摸摸我们的头，这些事同学们都看在眼里，记在心里，要记一辈子！

您给我影响最大的就是您对读书的高度重视，您说："跟我上三年学，什么都学不会，老师也不怪你们，只要跟我学会读书就行了。谁能坚持读书，谁能读到老，谁就是最后的赢家。"常记得我们的阅读周，我们的阅读课，那是怎样的一种静谧与幸福啊！

老师，您给予我们的真是太多太多了，说也说不完。

再说说我吧，我可以说是一开始最让人操心的一个，学习根本不安分，幸亏有您，及时在黑暗中为我指明方向，我才猛然回头。您知道吗老班？遇到您之前，我一直对老师有点看法。也许您早就听说过，我在上小学时，被老师狠狠地打过，把我的屁股都打肿了，而打我的原因一是鸡毛蒜皮的事，二是对我的误会。可您对待同学们与别的老师是多么的截然不同啊。老师，真的谢谢您，特别是我生病的那段时间，您忙前忙后，学生真心记在心里。

老师，说实在的，从您那里出来，混不出个人样真没脸见您。中考，我不是最优秀的那个，但我要证明自己，从您那里出来的都是最优秀的，当有人问我你班主任是谁，我可以挺直腰板，坚定地说，何本清！

嘉乐

老班，我们毕业了……我们就要各奔东西了，说实话，真的不舍得您，我很荣幸当了您三年的学生，您太敬业了，对我们的学习太用心，而且富有创新精神，大高一中因为有您而骄傲，我们因为有您这样的老师而自豪。您说过就算跟着您一个字也不认识也要学会做人，也要跟您学个人样。听了这句话我是多么震撼。老班，我感觉您太伟大了，老师，对您心存感激，谢谢！

宵彤

语文老师：

您最近好吗！

其实很久以来我都欠您一句话：老师谢谢您，您真的辛苦了。

以前，我总认为老师只不过是拿钱工作的，可自从遇到您以后，我才明白了什么才是真正的老师，我也明白了什么叫作尽职尽责。我觉得作为我们学生，不必上多么好的学校，只要能碰上一个终身受益的好老师就足够了。

还记得那次去富国老师的路上吗？您知道我晕车，特意把前座让给我，自己在路上来回站了两个来小时。由于我晕车而没把座位让给您，您不会怪我吧？最后您可能是真的站累了，屈身坐在上车的台阶上。那时您的身影虽然很渺小，但您在我们同学们的心目中，却是无比的高大！考完试下车之后，我犹豫地回头看了一下您，您可能看到了吧，欲言又止，我心里默默地说了一声，老师您辛苦了，谢谢您！

老师，我也觉得我们之间有种默契，就像您给我的留言中一样，您觉得我们也许都有种独特的忧郁的气质。每次上课下课，我都觉得您就像我的朋友一样亲切与知心。

您在我们三班上课的时候，虽然有些同学总是惹您生气，但您从来也没有像别的老师那样穷凶极恶，您还是一如既往地教育我们，所以我们班的学生无一不感激您。虽然您不是我们的班主任，但您对我们班却付出了很多很多。您对我们3、4班做的每一件事，我们都看在眼里，记在心里。

谢谢您陪伴我们度过的每一节课，那将成为我们最美好的回忆！

最后，老师我想祝您工作顺利，桃李满天下，身体健康，还有就是要笑口常开哦！

海英

今天静下心来想了想，其实我哪里有你们说的那样好？反思一下，反而觉得很惭愧，总感觉自己还亏欠你们很多，总感觉自己好多地方做得还不到位。今天我就再借此机会和同学们说说心里话。

我感觉最亏欠你们的是，没有培养起你们终身阅读的良好习惯。因为这是我当初给自己定下的一个目标，可最终因种种原因没能实现，现在想来很是后悔。在我看来，一个不能给学生带来终生影响的老师就不是一个优秀的教师。我发誓，今后再教学生时，我会排除万难，争取达到这一目标。但今天，我还是想叮嘱你们，今后无论在何时何地，无论你们干什么，哪怕是摆地摊做小工，都不要忘了阅读，因为这个世界上最伟大的老师就是书籍。谁和书籍结下缘分，谁的人生就是充实而有意义的人生。你们可以把老师忘得一干二净，但千万不要把老师的这句叮咛给忘了。

　　还有好多事让老师心里不安，我知道在我和你们相处的这些岁月里，我肯定做了好多伤害同学们的事，但有一点可以肯定，我绝对没有想故意伤害过你们。在这里，我很真诚地对那些我曾经伤害过的同学说声对不起，你们能原谅老师的过失吗？建红，老师曾为你屡屡犯错而表现出不耐烦，甚至是厌恶；鑫磊，老师也曾为你的过失而大发雷霆；还有被我打过手掌的艳欣；以及曾因上网而被我收拾的振岐；还有，因为我的课没有上好而昏昏欲睡的张喜凤，也许还有好多，现在想来，我真是备感惭愧。本来有好多更好的方式来解决你们的问题，可我却因一时生气而采用了简单粗暴的方式，这怎能不伤害你们？亲爱的同学们，原谅老师的过失吧，今后我会用更好的方式来教育你们的师弟师妹，我也想请你们给我做好监督，好吗？

　　当然，我身上还有一个最大的缺点，就是过于严肃，因为这，好多同学都远离了我。哪怕是我已经把心都亮给了你们，可还是因为我的这个缺点，让好多同学感到不自在，这真的是我的错。因为自己的性格，也因为自己肩头的责任，我总是笑不起来。现在想来，我真的是有点神经病，总感觉自己像个救世主一样，想拯救你们，想拯救学校，其实我是不自量力啊。但我的初心决不改变，我仍然要和现实中的黑暗做抗争，只不过，我不再当救世主，我会俯下身子，走到同学中间去，走到同学们的心里去。相信老师！

　　最让我感到失败的一件事，就是没能唤回泽中。因为在我的教育历程中，没有哪一个学生想辍学就辍学，我会尽一切手段把辍学的学生召唤回来。对于泽中，我问心无愧，该用的方法我都用了，可最终失败的还是我。为此，我曾写下近万字的教育随笔——赵忠的故事。是教育不是万能还是咱黔驴技穷。唉！你看现实生活中总有那么多事令人无奈。

　　还有两件事，到现在我还耿耿于怀。第一件，你们聚会的时候没有人愿意通知我，直到深夜十一点的时候，艳欣才给我打来电话，说是明天同学聚会，希望我能参加，我向艳欣解释说明天没空，因为时间毕竟不早了，第二天的行程我早就有了安排，抽不开身。我希望同学聚会能推迟下去，可你们没有等我。说实在的，我心里真的不高兴。你们知道吗？我非常希望能够参加你们的同学聚会，因为我还有好多话想对你们说啊。可是……

第二件事，就是上次我过生日时，我给同学们带去了蛋糕吃，那是我的一片心啊。生日都过完了，我真的是没有想收到你们的礼物，但我真想收到你们的祝福，迟到的祝福就行。可我还是自作多情了。可之所以令我不高兴的是，我给你们吃了蛋糕，什么也没收到，但却收到了三班同学的礼物，这种反差对我来说是不是一个讽刺？我只有苦笑了。

你们看，老师是不是很小心眼啊？既然敞开了心扉，我就一股脑说出来了，别见怪啊。我也希望你们能敞开心扉和我说说心里话，诉诉苦，发发牢骚都行。原先我们一直在交心本上交流，可我总感觉你们好多同学都没有敞开心扉，也许是顾忌太多吧。现在好了，你们毕业了，老师管不着你们了，你们就大胆一些吧。我希望我的学生都别那么世故，别那么做作，直率点，单纯点，因为你面对的不仅仅是你的老师，也是你的一个大朋友。

你们的班主任：何本清
2016年7月15日夜

精诚所至　金石为开

——给小乔的信

小乔：

你好！

你我师生相处一年半多了，我不知道你怎么评价我。我曾经关注过你，为了能改变你，我也下了一点功夫，虽然你也一直没有给我回信，但我想你应该能够感受到老师对你的关爱。有一点我很清楚，我知道，我对你的关心和帮助还远远不够，最起码我还没有打动过你。请原谅老师的无能。不管你怎样，老师永远都不会放弃对你的关爱。这绝不是怜悯同情。作为一个老师，关心帮助每一个同学，把学生塑造成最好的自己，这是我的责任与追求。希望你能理解老师，更希望你能配合老师，好吗？

我想再次来谈谈你的问题，希望你能有勇气正视自己。如果老师说错了什么，请你不要见怪，也希望你能和老师通过书信交流问题。切入正题吧。

从你的种种表现来看，我觉得你的气质应该属于心理学上所说的"抑郁质"一类。抑郁质的人行为孤僻、多愁善感、寡言少语，对任何事情都不感兴趣，对一般的社交活动表现厌倦。说真的，我认为这是一种性格缺陷。孤僻的性格对一个人的消极影响是很大的，因为每个人在生活中都不是一个孤立的个体。一个人正常的生活都得需要和别人发生一些联系。割断这种联系是难以想象的。不管你的成绩是好是坏，这都不是最重要的。最重要的是你得学会和形形色色的人打交道。因为你迟早要离开父母，脱离家庭，走向社会。那个时候，你得完全靠你自己了。

我不知道老师的分析是否正确，我也不知道你有没有意识到这种性格的弊端。但有一点，老师可以告诉你，任何人都是多种性格的综合体，只是有的人更偏重于某种性格。人的性格是可以改变的，准确地说不是改变，而是唤醒自己那些本就存在但沉睡的性格。

人都是向上向善的，你也希望自己变得更好吧。你说过你的优点是爱干净，穿衣整洁，还富有爱心。你有这么多优点，老师真为你高兴。可你得把你的这些优点充分发挥出来才行啊。比方说，你的爱心。你得让别人感觉到你的爱心，那就得和同学们多交往。如果你觉得有为难之处，你尽管和老师说，我会不遗余力地帮助你。好吗？

如果你想改变自己，我还有好多建议呢，给我一个答复，可以吗？

另外，我与你通信的目的纯属朋友式的思想交流，以互相理解互相启迪，也是为了提高你的写作水平。我可以与你约法三章：第一，我们既是师生，又是朋友，各自的观点看法不强加给对方；第二，通信是自由的，什么都可以谈，是否给我回信也完全取决于你自己的决定，绝不勉强；第三，我们的通信是保密的，内容绝不让第三者知道。就是天知地知你知我知。这样可以吗？你给我的信可以塞到我的办公室里，或者夹在作业本日记本里给我，都行。

我愿意分担你的一切苦闷！也愿意分享你的一切快乐！

你的朋友：何本清
2019年3月12日夜

再次留言

自两周前给小乔写了信,一直盼着她能给我回信。特别希望哪一天,我打开办公室的门,就会在地面上发现一封信。或者在我的办公桌上,神不知鬼不觉地躺着一封信。也或者是超乎我预料的一种方式。这都不重要了,重要的是我能收到她的回信,哪怕就是一句话也行。我甚至想象了收到她的信时,我那欣喜若狂的样子。因为我一直固执地认为,她能写信时,就是她封闭心灵打开的时刻。然而,两周过去了,我所有的希望都化作了泡沫。

今天是周一,是我批改学生周记的日子。原本我还幻想着,也许今天她会给我一个惊喜,她可以把想对我说的话写在周记本上啊。等周记本交上来后,带着一份期待,我先翻找出她的本子,忙不迭地打开,快速浏览。可只见寥寥数行的"流水账",不见半句她对我的回信。那一刻我真的有点失望。因着急去听课,也来不及多想了。

等静下心来批阅周记时,看着她那"不漏声色"的周记内容,我竟暗自苦笑起来。我笑我的"当局者迷",我笑我的"一针见血",我笑我的"天真幼稚"。即使我的良言暖如春,又怎能一下化去她的三尺冰冻?人家封闭多年的心灵又岂能被我一朝打开?你不是常说,要静等花开,教育是等和慢的艺术吗?在活生生的案例面前,你怎能乱了方寸?我这样思忖着,展开她的周记,写下了以下内容:

小乔,上周体育课上,佳欣拉着你的手在操场上散步,也不知佳欣说了什么,你竟能笑了起来。李月也告诉我,她说你知道得很多,看了好多电视剧,问起她来,她竟有好多不知道的。她还说你家待客真热情,她很愿意去你家和你一块儿学习。不知你觉得李月和慧杰对你有否帮助?你能高兴,老师就高兴。但老师最高兴的，还是希望能和你亲自畅快地交流，不知你能不能满足老师这个心愿？真的特别羡慕佳欣、李月、慧杰她们能成为你的朋友，因为我也想成为你的朋友。

顺祝：开开心心每一天！

自认为是你朋友的人：何本清

下午，周记本就发了下去。不知小乔看到我的留言，会有什么样的反应？也不知道我能否收到她的只言片语？教育充满了太多的未知，也许这就是教育的本来目。它绝不是我们想象的"一分耕耘，一分收获"，因为教育的田地也是墒情不一。真正的教育，也许就是只问耕耘不问收获。就像陶行知所说的："捧一颗心来，不带半根草去。"

山重水复疑无路

周一上课时，检查《核舟记》一文课后注释的掌握情况，我叫小乔等四位同学上黑板。平时单独提问题时，我很少叫她，因为她一旦回答不上来，就戳在那里，即使你叫她坐下，她也不坐下，就在那里站一节课，这对她对我以及全班同学来说都是一件很尴尬的事。所以，我和其他任课老师都很少叫她回答问题。这次是上黑板听写，不用说话，而且不是单独叫她，我想这样会避免不必要的尴尬。更重要的是，最近她时常面露愉悦之情，同学们也都反映她变得爱说话了。我想看看她在学习上的情况是不是也有所进步。（她在学习上，自入学以来，是每况愈下的，从中游一直稳步下降至倒数，只是上学期期末测试时有一点小进步。）

听写开始了，第一个她就卡在那儿了。我故意拖长了时间，希望她能想起答案来，然而最终还是没有写上。没关系，也许就是这一个正好忘了呢，看下一个吧。听写继续进行。我都不敢看她听写的情况，怕再次让我失望。然而，我还是忍不住朝她望去，第二个也是不会，第三个依旧不会，而且人家错得很彻底，不是写错了，而是直接空白，那一刻，我的大脑也真有一片空白的感觉。继续听写，一共写了12个，最终她只对了两个。再看看另外三个同学的答案，基本上是全对的，这形成了一种鲜明的对比。

望着她近乎玩笑似的表现，我真的很无语。要知道，对课后注释的掌握，我们课堂上讲过练过，课下巩固过。这不是什么难理解的题，就是对知识的识记。只要课堂上用点心，谁都可以掌握起来。要是换作其他学生，我可以质问他，责罚他。可偏偏是她，说不得，骂不得。我很理解这种孩子，她们也有很强的自尊心。我原本想就她写对两个的现实以及她的特殊情况，要不也来个表扬。可我总觉得那是一种讽刺，算了吧，课下再找她谈谈。

上完两个班的课，第三四节批改日记。等批到她的周记，我还是很好奇地打开来，先看看她有没有给我回复，哪怕是只言片语也好。我快速浏览了一下，依然如故，对我的留言没有任何答复。我苦笑了一下，其实，一个人在深深的失望之后，便是坦然接受了。没有就没有吧。我继续浏览她的日记，发现她竟写了这么一段话："好多同学都说我变了，其实我本来就是这个样子。"我突然想起来了，我和去她家里帮扶的同学交流时，她们告诉我说："小乔在家里领她弟弟玩时，特别爱逗她弟弟，那时说话就特别多。"根据反映，我知道，她也就是和她弟弟玩时话多，和其他稍微生点的人还是放不开。我再揣摩她那句话，什么意思啊？那意思是不是说：我本来就很爱说话，你们为什么都说我变得爱说话了呢？我已经适应了我原来的样子，我喜欢做我自己，你们为什么要我改变呢？是啊，人一旦适应了某种生活，一旦沉溺于自己的世界，就不愿意改变自己。毕竟改变自己，就是和自己做斗争，就是和自己过不去。谁愿意给自己找麻烦，和自己过不去呢？尤其是人最不愿意被别人改变，我凭什么受控于你，我要自由，我要精神的自由。人一旦陷入一种怪圈之内就很难自拔。

可怜的孩子啊，你在自己的世界里自娱自乐没有错，关键是你的世界是和现实无法融合的一种世界。你要自由也没有错，关键是你要的自由那是井底之蛙的自由，你还没有见过池塘、湖泊，更没有到过江河海洋，怎能如此固执于自己的世界？你不想受控于人也没错，关键是你错把老师同学对你的关照当作是控制。你想想，我们对你有何企图吗？如果说有，那就是希望你能变得越来越好，越来越开朗，谁不愿意变得越来越好呢？每个人的内心深处都是向上向善的，你也不会例外吧？

现实是，虽然我和同学们都对她尽了心用了力，可小乔还是不太领我们的情。可能是我们的情感又过于炽烈了，让她明显感到不适，又令她无法接受了吧。

此时我又想起了苏霍姆林斯基所提倡的，让教育的痕迹尽可能淡化："在自然而然的气氛中对学生施加教育影响，是这种影响产生高度效果的条件之一。换句话说，学生不必在每个具体情况下知道教师是在教育他。教育意图要隐蔽在友好和无拘无束的相互关系中。"李镇西也曾说过："教育的意图隐蔽得越好，教育效果就越好。不动声色，不知不觉，了无痕迹，天衣无缝，润物无声，潜移默化……这些都是教育的艺术，也是教育的境界。"

原本我以为过去我对小乔的教育太过炽热猛烈，她吃不消。后来我又转化策略，发动集体的力量来帮助她，谁知我的"阴谋"还是被她识破了。看来在教育转化学生上，我还是一个涉世未深的孩子，一旦遇上一点复杂的问题，我还是束手无策，我不得不加快步伐努力探索啊！

这次，我本不想给她任何留言，我想让我们都冷静一下。可最后还是忍不住给她写了一句话："一花一世界，一树一菩提。每个同学都是一个精彩的世界，希望你能和更多的同学接触一下，让自己的世界变得更精彩。"

柳暗花明又一村

平时课间，只要没特殊事，我总要到教室里转转。今天下午第一节课后，我走出办公室门，刚和迎面走来的几个同学打了招呼，就看见小乔也迎面走来。我像往常一样，准备直接走过去。因为过去，我和小乔多次相向走过，我总是准备好迎接她向我打招呼的心理，可每次人家都是眼睑下垂，直直地从我身边走过去，绝不会正眼瞧你的。我见她不会主动和我打招呼，后来见了她，我就会面带温和之色，想主动和她打打招呼，人家也是一点反应都没有，让我好生没面子啊。我怕我的主动会给她带来尴尬，所以后来再见了她，干脆也是装作视而不见。可今天，就在我们擦身而过的时候，我仿佛却又分明听到了一声浅浅的"老师！"我好像是应了一声"噢！"

这真是惊喜啊！楼道里光线有点昏暗，我看不清她当时的表情，但我隐隐觉得应该是面露一点笑容的。这也应该不是我的幻觉吧。我知道，越是想得到而得不到的东西，时间久了，就会出现幻觉的。我太渴望小乔能叫我一声老师了，我太希望她能和我主动交流一下了。可惊喜就是在你不经意间，在你毫无心理准备的情况下不期而至了，这太意外了，太令人不可思议了。就在昨天，还是"山重水复疑无路"，今天怎么突然就"柳暗花明又一村"了呢？人的思想心灵真是怪异得很，摸不着看不见，但它却就在那里。

这就是幸福

今天周一，是检查学生日记的日子。这次我很淡定，没有着急去看小乔的日记，准确地说，是没有着急去看她是否给我留了言或夹了书信。因为最近这段时间，我没有炮轰似的对她做什么，我只是静观其变，只是依靠同学们的力量来影响她。所以她对我的心扉未必这么快就能敞开。

我总觉得太过着急的教育总会令对方应接不暇，甚至产生怀疑。你总得考虑对方的胃口和消化能力吧。太过着急的教育未免就带有了功利性，就是希望被教育者一下子好起来，一下子该学习学习，该正常正常，就是希望被教育者不再给自己添麻烦。果真如此，教育可就简单了。不就是我希望被教育者变成什么人，他就变成什么人吗？其实这不过是我们的一厢情愿罢了。真正的教育，面对千差万别的个体，面对不同的生长环境，没有固定的教育方法，一把钥匙只能开一把锁。如果说每一个问题学生的心都有一把锁锁着，我们就必须要找到开这把锁的钥匙。从理论上说，每把锁都能配上一把钥匙，就像阿基米德说："给我一个支点和一根足够长的杠杆，我就能撬动整个地球。"其实这也仅仅是一个假设，一个理论，放到现实中，根本无法实现。同样，在教育现实中，并不是每一个问题学生的心锁都能被打开。即使最终打开了，也绝不是轻而易举的，这必然要有一个漫长的摸索过程。在这个过程中，你得反复实践，也可能失败再失败。即使你反复反思，又反复实践了，最终的结果也未必就是成功的，有可能仍然是未知，甚至干脆是失败。如果谁认为教育放在学生身上就一定能见得成效，谁就不是真正的教育者。

这是我在小乔身上获得的启示。过去我对她近乎谄媚似的教育、狂轰滥炸似的教育、不择手段似的教育都用过了，人家依旧岿然不动，而我却早已气喘吁吁。吃一堑长一智啊，我不得不静下心来反思一下了。

所以这次检查日记，我就是按顺序看。不过，说实在的，还是很想看到她的日记。只是对她是否给我留言或回信不抱太多希望了。终于看到她的日记了，我平静地打开她的日记本，浏览了一下，依旧是平淡的叙事，没有多少可读性。我又翻动了一下，想发现点什么，也没能如愿。我没有太多的失望，我暗想，教育哪有这么简单，我要经得起考验才行。经得起谁的考验？当然是小乔对我的考验，她也许就是在考验我吧。考验我是不是有耐心有爱心，是不是有所图。一旦经过了她的考验，她也许就能和我促膝谈心话衷肠了。

我这样边思考着边在她的日记本上又写下了这样一段话：

小乔，虽然依旧没有看到你给我的留言和来信，可老师并不失望，因为好几个同学都在日记中反映，说小乔开始和更多的同学交往了，别人和她说话，她都会与之交流了。你看，同学们都在为你高兴呢。其实每个同学都是一个与众不同的世界，你和他们交往了，就会发现更多的精彩，你的生活也就变得更有趣味了。还听说，体育课上，你和佳欣合伙"欺负"刘哲那小子了，那家伙踢腾鬼一个，准是又惹你们女生了吧。有什么委屈，告诉老师，我为你们出头，好吗？还有，上一周，老师在你脸上又看到了好几次笑容呢，就像同学们所说的，你笑起来真好看。祝你天天开心！不过老师真的特别期望能收到你的来信或留言，你会不会觉得老师有点心急呢？呵呵，你别笑话老师。我愿意等，好吗？

依旧想成为你朋友的人

以前，我总是耐不住性子，总觉着自己对学生付出了很多，总是希望学生们尽快被转化，被感动。如果学生没有变化，我就觉得人家不懂得感恩，没有人情味，在心里总是怨恨学生，为自己徒增了无限烦恼。现在，加入了新网师，天天读书，被书里的人物故事感召着，自己那颗浮躁的心又渐渐平息下来。真是鸢飞戾天者，阅读息心；经纶世务者，写作忘反。现在把白天里的事情化作故事加入反思，写着写着，一股暖流涌上心头；写着写着，就遇到了最美丽的自己；写着写着，就发现了幸福。

给晓晴同学的一封信

晓晴：

　　你好！

　　此时，夜已深，可想起你，我还是放心不下，所以再和你聊聊。

　　今天你我之间的一番交谈，看得出，你是一个心直口快又很活泼的姑娘。真的谢谢你们几个能敞开心扉和老师说出了心里话。没有我们之间的这番沟通，也许老师还对你们几个存有偏见。但有几个问题，我仍需和你沟通一下。

一、你们之间的战争有没有意义

　　通过我和你们几个的沟通，看得出你们几个确实受了很大的委屈，被别人误解、愚弄甚至陷害的滋味确实不好受。老师很理解你们，所以一直在倾听你们的倾诉。从你们的倾诉中，我感觉到你们之间的关系真是错综复杂。说实在的，我都被你们弄得晕头转向的。俗话说："清官难断家务事。"我实在分辨不出你们谁对谁错。我想换个角度看问题，你不妨想想，你们这看起来不可调和的矛盾，其根源在哪里？我想是你们的思想已不再单纯，你们似乎已经忘却了自己的梦想，忘记了自己是个学生，学生的重心就应该放在求学上。可你们似乎对学习已经完全失去了热情，或者说失去了大半的热情。你们的生活重心仿佛就是谁和谁好了，谁又对不住谁了。所以你认为当吴文"得罪"你们的时候，你们仿佛感觉这是天大的事情，这是不可饶恕的事情。所以你们几乎暂时把生活的重心全部放在如何对付她这单一的方面。于是你的生活中只剩下一地鸡毛，再也没有了诗和远方。

　　晓晴，你不觉得这样活着很累吗？咱先不说事情的起因，你就想想你们现在的这种生活方式和生活状态，是不是一种正常的？是你自己喜欢的吗？老师无意于批评你，我真的是替你着急。你还是一个初中生啊，未来的路还有很长很长，咱总不能被这些烂事束缚住不能自拔吧。

晓晴，静下心来，反思一下，自己到底想要一种什么样的生活？什么样的生活才是有意义的？

二、如何处理同学们之间的矛盾

人与人之间原本是相互尊重的。可一旦双方之间出了一点失误，为什么又变成了相互伤害？吴文也许"伤害"过你，这时，你该如何对待这种伤害？你们都还年幼，我觉得面对同学们给你带来的伤害，你应该向老师或朋友、家长倾诉，以寻求正确的解决方式，而不是采取极端的方式以牙还牙。那样的话就是冤冤相报，这是无休无止的，其最终结果就是两败俱伤。我觉得你们几个靠武力征服不了她，但她又确实惧怕你们几个。因为你们四个人联手在对付她，这是她所不能承受的压力。人在承受不了的压力下，要么屈服求饶，要么爆发抵抗，甚至走上极端。不管她怎么错，你们四个联手对付她，就是一种恃强凌弱。无意之中，你们就成了恶人的扮演者。

你觉得老师还算在乎你们、尊重你们吧，正因如此，所以才向你们提出建议。可你们真的尊重我的建议了吗？有时候你们真的不计后果，所以老师很担心你们。因此，在这里再向你们几个提出忠告：得饶人处且饶人，切不可不依不饶。放人一马也是一种善良。今后她如果继续犯错，希望你能找老师交流，别再用什么所谓的"江湖"方式。初中生，尤其是女生用这种方式来解决问题毕竟有点不合时宜。

三、关于你对你爸爸的看法，我个人觉得不是很正确

因你爸爸的婚外情导致你随母改嫁。你母亲应该是一个善良而有素质的人，要不她就不会劝你不要恨你爸爸了。但你却说你不但不恨他反而崇拜他。而崇拜他的理由竟然是因为他很能打架，能在社会上混得开，且能找到"小三"。晓晴，我真的被你的幼稚无知震惊了。当时，当着她们几个的面我没好意思和你理论。现在我就说说我的看法。

咱们生逢盛世，物质文明和精神文明相对来说都算高度发达。这是一个远离暴力也拒绝暴利的时代，这不是一个靠蛮力和拳头才能生存的时代。再硬的拳头也比不上一个智慧的头脑。你说你爸爸很能打，也很混得开。那我想问你，你爸爸给你们打来了什么，混来了什么？是富裕优越的生活还是和谐稳定的家庭？一个男人，尤其是一个结了婚的男人，如果养不了家，又不能给家庭带来幸福，而且还在外面胡混乱搞，这就是一个不负责任的人，也不是一个真正的男人。花花世界，诱惑重重，一个经不起诱惑，而破坏了家庭的人，你知道他给家人带来多少痛苦吗？那时候也许你还小，还没有对人事的体会，所以也就没有什么痛苦。但你可以设身处地地为你的母亲想一想，也可以为自己想一想，假设有一天你的家人背叛了你，你心里会是什么滋味？现在你的朋友背叛了你，你都承受不了，何况是你挚爱的亲人呢？

晓晴，我说这些并不是在挑唆你和你父亲的关系，血浓于水的亲情，想说不爱也不容易。我只是想告诉你，孩子，你的观念里有很多不正确的东西。但我依然相信你是一个好姑娘，在你嘻嘻哈哈什么都无所谓的背后，也许有别人无法察觉的痛苦。而这种痛苦你又不方便向别人透露，于是你把这种内心的痛苦化成了表面的嬉皮笑脸。

晓晴，也许老师的话说得激烈了些，你可能无法接受或无法理解，但如果你相信老师的为人和学识，你就应该好好咀嚼一下老师的这封信，也许等你长大后，你就能明白老师的这番良言与苦心。如果你读了老师的这封信受到一点影响的话，说明你还迷途未远，老师愿意在今后的日子里帮你走出误区，找回那个曾经善良而又单纯的你。

你的朋友：何本清

2019年5月18日星期六

触摸教育的幸福

上课前，张某某笑意盈盈地送给我红绿蓝"三颗心"，我马上明白过来，这是写给我的信。这个鬼丫头，总有使不完的花招，不知这次葫芦里又是卖的什么药。下课后，寻一清静去处，展信细读，我喜欢一个人在静谧的时光里阅读，那种思想的碰撞，心与心的交流，是一种难觅的幸福。

且看这丫头的来信。

仗义的兄弟：

重新认识一下哈，我叫张某某，我们交朋友吧。呃，是那种可以把后背交给对方的呦。其实说实话，你蛮好的，真的很好。对于二组的那些女生，都喜欢把你称作男神，很像的。我一直有些疑问，你当初为什么不去混娱乐圈？唉，搞不懂。

有时候我和你对着干，其实是无意的，就像你所说的，哪个学生不愿意和老师和平相处呢？只不过，你总是那么严肃，叫人不敢亲近。虽然很像小说里的高冷男主，可小说是骗人的。也许你天生就是这种性格，不易改变，可我们真的希望你多笑一下。你笑起来真的很好看很活泼。切记，千万不要皱眉头，你皱眉的样子很难看，还很吓人，如慧慧（她的一个同学）一般。

有人曾说过，你的眼睛很纯净，完全没有被岁月所浸染。你的眼中有柔情万种，如脉脉春风，冰雪也消融。用一句很俗的话来说："这世间青山灼灼，星光沓沓，秋雨淅淅，晚风慢慢，也抵不过公子眉目间的星辰。"不过，我相信上天是公平的，虽然它给了你超高的颜值和大脑，可也让你有了身高上的缺点——腿短啊！我知道你大人有大量，不会跟我一个小草民开不起玩笑吧，嘿嘿。

对了，你从微信上说当我小弟，可不许反悔啊，以后大姐还需要你罩着呢。嗯，说到大姐，我得好好尽一点职责了，不是吗？就先提几条建议吧：

（1）少抽烟，抽烟对身体不好。虽然有可能让你淡忘一些烦恼，但也不能拿自己的身体开玩笑，不是吗？

（2）别老发火。发火于你于别人来说都不好，不仅火气攻心，又能把愤怒的情绪传染给别人，而且还让别人觉得你是个喜怒无常的人。最重要的一点是难看，格外难看。

（3）开车慢些。你也真是厉害，那次带我们去竞赛，你竟然把车开上天了，那么快。难道下车后你腿不软吗？（上次带她们几个去县里参加竞赛，她们几个磨磨蹭蹭地出来晚了，我怕迟到，车开得快了点，老司机了，还是有点把握的。只是她们几个学生平时坐车少，不习惯。看来是惊着她们了。）

好了，扯了那么多，谈下读书的事吧。

其实，不是我不喜欢读书，而是没有读书的耐心。更主要的是可能还没有走进那个世界。说实话，我对一些文学类的书真的不感兴趣，尤其是中国的。但现在，在您的影响下，我明白读书的重要性了，读书能提升一个人的素质和胸怀。我以后会尝试着尽力去读。现在我们读哪类书更好？读了要做读书笔记，对吧？要不，小弟您就再劳累一下，帮我整理一下读书的方法，可好？

我还有些疑惑，就是作为一个读书人，就如您这样的，是发自内心地喜欢书，还是觉得读书很重要才去读书的。我认为这两种情况都有，不过你觉得哪种更有利于读书呢？

以上是我暂时的几个问题，以后再有，就继续找你了，希望你不要烦喽，嘿嘿！

你的大姐
2019年6月6日

从她对我的称呼——"仗义的兄弟"，可以看出这是一个挺疯狂的丫头吧。初识她的时候，她就给我留下了深刻的印象。莞尔的笑意总是挂在嘴角眼梢，清浅且清纯，让我不由想起诗经里的"巧笑倩兮，美目盼兮。"说话有几分嗲气又叽叽喳喳，连走路也蹦蹦跳跳，似乎总是安静不下来。简直如脱笼之鹄，轻捷明快。她见了老师从不像别的学生那样躲躲闪闪，似有怯意，总是一副意气风发的样子。看得出她是一个自信满满、内心强大的女孩。谁不喜欢这样的女孩子呢？而且她还是学霸。但后来我发现，她在课堂上总是爱接老师的话把，自言自语式的。这往往引得周围的同学或哄堂大笑或唏嘘不已，弄得我有时下不来台，关键是她的行为在一定程度上引起了课堂秩序的混乱。本来我上课是有一定气场的，一般学生上我的课从不敢捣乱，可这个不知天高地厚的家伙根本不买我的账。我再看她时，就觉得她的笑是嬉皮笑脸，是不怀好意。也因此对她平添几分厌恶。后来，我找她谈话后，明显有所收敛。

她有时候在周末用微信和我聊天，说话也是没大没小的。其实我倒也没有见怪，我喜欢学生把我当作朋友，能和我倾心交流。我深知自己天生一副严肃的脸，也巴不得学生能主动靠近我。有一次我也是逗她，就戏称她为大姐，她倒是欣然接受了，而且还回称我为小弟。一句戏言，倒是拉近了我们师生之间的不少距离，让我们彼此走进了对方的心灵。教育不就是走近心灵的教育吗？没有相互欣赏的感情基础，教育的实质也就不曾真正发生。老师也无须端起架子高高在上，拒学生于千里之外。这就是民主，这就是平等。

读着她给我的来信，看着她对我的赞誉之词，我竟飘飘然起来了。人是经不住夸赞的，哪怕是别人在忽悠你，你也会感到心里甜丝丝的。再看她所提的建议，也是那么中肯。人家学生那么信任我，那么关心我，我还有什么理由不去改变？为了这份爱与信任，我也要做最好的自己。再看看她的疑惑，我知道一颗读书的种子已在她内心深处悄然萌发。能让学生真正地爱上阅读，这是一个老师最大的成功。

我决定给她写封回信。

（疯丫头）大姐：

按你的指示，我要给你答疑解惑了。也许未必是你想要的答案，但绝对是我的心里话。

第一，非常感谢你能接纳这么一个严肃的好朋友，而且是那种背靠背心贴心的朋友。尤其是你用书信的方式向我宣告，这显得非常庄重，很有仪式感。作为学霸的你，应该是从不缺少别人对你的欣赏吧。我也非常在乎你，可后来我也曾厌烦过你，你却没有怀恨在心，反而愿意和老师成为真正的朋友，这怎能不让我受宠若惊呢？也许这就是所谓的不打不相识吧。其实我这个人毛病不少，特别是很强势，你是领教过的。做我的朋友，你可不要后悔啊。

关于你们班的有些小女生喜欢把我称作"男神"，我觉得真是言过其词了。再说，一个男老师如果以相貌来取悦学生，那是对男人的一种亵渎。况且，我早已年逾四十，鬓角华发已生，额上皱纹也初露端倪，因长期熬夜，眼袋肆虐，哪有半点风流？老男人一个罢了。也许是因为我在工作上的认真态度，或者是我的课堂有点与众不同，让你们觉得我是一个还不算坏的老师，从而爱屋及乌，让你们这些涉世未深的小屁孩觉得我长得很好看。等你们长大后，眼界一宽，就会发现那时的自己好傻啊，语文老师也不过如此。其实我明白，我的相貌算不上难看，但绝对算不上好看，就一寻常模样。于熙熙人流中随便拉一个出来，都不会比我差。

还有，你说我有一个超强大脑，那绝对是"谬赞"了。我曾和你们说过，我生性愚钝，上学时和你们这样的学霸是不同的。至于你们所说的，我长得好看，其实那不是一种容貌的英俊，而是一种源于心底的自信，一种自内而外的气质。这都源于我的自制力稍强一些。我喜欢读书，也喜欢跑步。是这两大爱好丰富了我的头脑，强健了我的身体，滋养了我的心田，改变了我的容颜，提升了我的气质。可以说，我的"好看"不是天生的，在很大程度上是靠我后天的努力换来的。只要你愿意，只要你肯努力，只要你肯坚持，谁都可以长成自己喜欢的模样，谁也都能成为别人眼里的"神"。

大姐，我这样说，你能理解吗？

接下来再说说你给我提的那些建议。

我的烟龄和我的教龄一样长，二十几年了。我又何尝不知道吸烟的危害？我也曾痛下决心，把烟戒掉。还写过一篇戒烟小记，读给你们听过的。可最终无果。我曾这样解脱自己，我是一个不喝酒，不赌博，爱家爱生活的好男人。除去吸烟，别无半点不良嗜好，如果再把烟戒掉，那不太完美了吗？期待拥有完美，是人类最疯狂的危险之举。世间真正的美是残缺之美，就让我保持着真正的美吧。当然这只是玩笑话，我之所以戒不了烟，和我经常熬夜有关。我已习惯了熬夜读书、写点东西。每当读到精彩处，便会不自觉地燃烟一支，我是以书为酒，以烟做肴的。有酒焉能无肴，那岂不要煞风景了？每当思虑受挫，不能下笔之际，也要燃烟一支，然后凝眉思索，片刻便会思接千载，飞流直下。我都不知道戒烟后还能不能读书写作了？其实，这仍然是借口，人啊，不被逼到份儿上，是不会轻易和自己过不去的。你和同学们的好心我都能理解，你们对我的情谊我领了。今后我会克制自己少抽的，至于能不能戒烟，就让生活来教育我吧。好吗，大姐？

第二，关于不要发火的建议。首先我觉得，我虽然有点不苟言笑，但绝不是那种动辄暴怒的人，因为我经常站在你们的角度来思考问题，我是很理解你们的。希望你也能理解老师，老师也是人，也有七情六欲，但我绝不会把你们当出气筒。你也知道，现实生活中有很多奇葩的人和奇葩的事，遇到这样的人和事，我还做不到不喜不怒不悲。试想一下，面对任何人，如果我一点火也不发，那就是最好的教育吗？当然，我会不断地修炼自己，让自己把握住分寸，不殃及无辜，不以此为主要手段，尽量给更多的同学留下一段温馨而美好的回忆。

关于这一点，如果你有更好的见解，还望不吝赐教，我定当洗耳恭听，察纳雅言。谁让我们是好朋友呢？对吧，大姐？

第三，关于开车的那件事，我自认车技高超，为了赶时间，确实开得快了一些，从而忽略了你们的感受，拿祖国的花朵开了一个玩笑，是我不对，接受批评。今后开车，我会小心谨慎的，放心吧大姐，小弟还没活够呢。

最后，我再和你谈谈读书。

你说你不是不喜欢读书，而是没有耐心读书。恕我直言，那是一种假喜欢。真正的喜欢就会想尽一切办法，甚至是不择手段地去读书，怎么会没有耐心呢？还好，你现在终于领悟到了读书的重要性，想去读书了，恭喜你，你会越来越优秀的。凭你的才智，如果再养成读书的习惯，无异于如虎添翼，长此以往，你有可能会逆天的。小心点啊，别碰坏了头。

至于读哪类书，你最好广泛涉猎后再做决定。就像吃东西，你不试过尝过就不知道自己的口味喜好。书的分类很多，但大致可以分为：文学类（包括小说、散文、诗歌、杂文等，这类书最多，也是最有观赏性的，可你却说不喜欢，我不知道你是否真的了解这类书）、人物传记、哲学类、历史类、科技军事类等。初读时，可以先选择适合自己口味的读物以便培养阅读兴趣。但读到一定程度，就要跳出自己的阅读舒适区，选择一些有难度的书来挑战自己的思维。

至于读书的方法有很多，最常见也最实用的是摘抄法和批注法。读书笔记，我认为是很有必要的。当然也不是每本书都必须去做，这要具体问题具体分析，只要这本书能吸引住你，能激起你的共鸣，最好是做一做读书摘抄。如果你不做的话，一本书读完后，可能什么也记不住了。如果所阅读的书籍是自己的，做点批注，圈点勾画，写点自己的见解，这也是一种很不错的读书方法，能加深你的阅读印象。总之，有的书是读着玩的，这可以一睹为快，不必做笔记做批注。如果真是为了提升自己在某一方面的能力或水平，就得审视阅读了，也就是细读，边读边思，能摘抄摘抄，能批注批注。

读书，就像是一场恋爱，从最初对对方的喜欢，及至后来的相处，才慢慢发现对方就是自己生命中最重要的人，才发现自己当初的选择是那么明智。这是一个过程，没有最初的喜欢，没有随后把对方当作自己生命的另一半，就没有后来的相濡以沫、白头偕老。真正的读书人，都会有这样的感觉，越读书就会越发现自己的无知，就会越愿意读，越读书就会越谦卑越平和。不读书不会让人死，但不读书会让人黯淡无光。

不知这样解释，能否燃起你读书的欲望？也不知你能否读懂？如有疑问，请你继续和我交流。有其他问题，也欢迎你随时打扰！怎么样？够仗义吧！

小弟
2019年6月8日星期六

教师的幸福在哪里？不就在于和学生的民主平等相处吗？不就在于学生对你的欣赏与信任吗？不就在于能唤起学生读书学习的欲望吗？不就在于能给学生留下一段充满温馨的时光吗？有了这些就有了存在感与满足感，当然，这源于教师的人格魅力，也源于教师的学识。我们唯有不断读书学习，不断实践反思，努力提升自我，才有能力"撑一支长篙，向青草更青处漫溯"，才能"满载一船星辉，在星辉斑斓里放歌！"才能寻到自己的教育梦！才能抵达真教育的彼岸！

写给全体同学的一封信

亲爱的同学们：

大家好！

我想利用书信的方式和同学们交流两个问题，请用心读一下，好吗？

一、关于师生如何相处的问题

关于这个问题，其实我早就和你们交流过多次，这里我再解释一下。我所追求的师生关系是民主的、平等的、相互尊重的、朋友式的那样一种和谐的师生关系。我真的不希望同学们把我当成高高在上的老师，对我敬畏有加；或者干脆把我当成"警察"，对我防范森严、躲躲闪闪，抑或把我当成外人，对我视而不见。所以我特别享受同学们和我平等相处、倾心交流的情景。

运动会那天，晓琳追着给我酸奶喝，家辉要求给我当跟班的，明佳要跟我合影，晓洁说，如果她掷铅球得第一就让我请她吃麻辣烫，还有金鑫要求跟我握握手，以及学霸盼文曾经喊出：老师，我爱你！这种种情形都给我带来了无限温暖与自豪。尤其是当我跑接力赛时，好多同学都在为我呐喊助威，那一刻我真的平添了好多力量。在这里，我一并向你们表示感谢！他们这些同学的表现，说明没有拿我当外人，他们懂得如何亲近老师。当然这些学生大多是外向型性格，他们敢于用言行举止表露自己的心情。我自作多情地想，其他学生也许不是不愿意和我亲近，只是他们不好意思罢了。不是也有好多同学用文字的方式经常和我交流吗？已经转学的雪晴给我来信说我是个好人，明佳把我比喻成上仙，佳欣、赵静等都表示敬佩我。你们这些赞誉之言可把我弄得飘飘然了。还有那个不太会说话的李斌，你知道他怎么说我吗？运动会上，他说：

第四辑　师生情长
——幸得识卿桃花面，自此阡陌多暖春

"老师，你怎么跑起步来跟个娘们一样啊，迈那么小的步子。"我听后直接乐了，但我一点也没生气，我知道他是在夸我，只是不会说话罢了。还有那个喜欢和我侃大山的张怡，以及愿意向我倾诉心声的文淑，他们都在用自己的方式和我交流着。说真的，老师也真的喜欢和你们沟通交流。

你们知道我最痛苦最有挫败感的事是什么吗？首先就是你们在和我相遇时对我退避三舍、敬而远之，其实我多么希望你们能和我来一次击掌问候，或者你们在我后面悄悄地蒙上我的眼睛，让我猜猜你是谁，或者你们干脆把我抱起来。那情景老师也不是老师，学生也不是学生，完全是老朋友了，我要的就是这种效果。其次就是在课堂上，你回答问题时，那种欲言又止、低眉顺眼甚至唯唯诺诺的表现，仿佛是犯了天大的错误，在等待受审似的。我亲爱的学生们啊，何必如此，只要你能积极思考肯动脑筋，回答错了又有什么关系？我不知道其他老师会怎么处理这样的问题，反正我是能体谅你们的尴尬的，我也绝不会为难你们。只要你们能积极阳光地表现自己，老师就会欣赏你们。说到这里，我不得不表扬一下五班的徐金鑫，虽然他的语文成绩并不理想，可他在课堂上的表现总是那么阳光、那么投入。这说明他一直在场啊。课堂上一个神游天外、离场万里的学生，老师无论如何也不会去欣赏他的。

当然，有些学生也许会说，老师，我们也想和你交朋友，也想和你亲近，可你总是"耷拉着脸"，（这句话是一同学评价我的，其实有点过。我虽然不能天天微笑，但也不总是耷拉着脸啊，我更多的时候是表情温和。）那么严肃，谁敢靠近你啊。是啊，之所以有好多同学不敢靠近我，这里面老师肯定有好多地方做得不到位，让你们怕了我。不过，我也正在慢慢地去改变自己。我不想再继续掩饰自己的错误，也希望同学们通过各种方式多给我提建议或意见，我会认真对待的。当然，我还得再和同学们解释一下，你我师生相处近两年了，你们早应该摸出老师的脾性来了。我本来就是不苟言笑生性严肃的，你们接触的同学之中不也是有很多我这样的人吗？这样的人并不代表就是难以接近啊。我的严肃只是给个别同学看的，给那些课堂上不遵守纪律以及言而无信的人看的，我想以此来控制课堂的稳定，来督促他们的学习。这些许是我无能的一种表现，可老师目前就是这么大本事，我还没有更强的功力用和风细雨的方式对待每一个同学。这也正是我孜孜不倦不断学习的原因。我想等我成了真正的高手，也许我就不会再乱发脾气了，也就不会总是"耷拉着脸"了。请你们相信老师总有一天会达到这样的境界，也请你们给我一点进步的空间。

和谐师生关系的前提是相互尊重，对于那些不尊重老师、扰乱课堂秩序的行为我也是很反感的。希望我们在今后的相处中能够消除误会、相互欣赏、相互配合、相互支持，也愿我们的关系更加民主更加和谐！就像我曾经给赵文静的留言一样："我看青山多妩媚，料青山见我应如是。"化用一下，就是："我看学生多顺眼，料学生见我应如是。"如果真的到了那样一种局面，那我和你们就会天天沐浴在春风里。

今天先交流到这里，明天继续！

二、关于语文学习那点事

同学们跟着我学了一年多的语文了，应该很清楚我的语文教学思想，那就是多读多写多背。我怕给同学们增添太多的语文作业，更怕同学们应付家庭作业，（因为大部分同学的家庭作业质量很差，基本上是为了作业而作业，没有多大效果。）所以我就领着同学们在课堂上读书，读语文主题学习丛书，读杂志上的好文章，读小说，还在课堂上背《论语》、背《诗经》。至于写，我说过最好的作文训练就是天天写日记，所以我很重视日记写作，虽然不能天天给你们批改日记，但我至少做到了一周给你们批一次。可有些同学的三分钟日记，实在是令我无语啊。这样的日记除了耽误时间浪费纸张别无他用。我觉得我的语文教学思想是经得起推敲和检验的。我没有让你们陷入题海战术之中，自初二开始，我们就以读书为主。在这种情况下，我们两个班的语文成绩并不比其他班低，反而是稍微领先，这就可以证明了。但实际上，你们目前所取得的语文成绩还是不能令我满意的。我觉得主要原因如下：

（一）你们读书的效果还没有真正显现出来

一是读的还是少，二是有的同学还是没有把读书当回事。因为仅仅靠课堂上的时间读书是远远不够的，我们一节课就45分钟，一周就是6节课，这点时间用在读书上还是太吝啬了。我的本意是想用课堂上的时间读书来带动促进你们的课下读书，可还是有一部分同学把大量的时间耗在了电视电脑或手机网络上，或者是用在了发呆出神拖拉延迟等无用功上。至于读书的好处我就不再多说了，我只是希望同学们都能记住一句话：你身上的所有问题都是因为你读书太少。读书是最好的疗法，它能解决你的困惑和烦恼，它能让你变成真正的强者。同学们，读书吧！等你读到一定的程度，你的语文基本上不用正儿八经地学习了。就像王盼文、韩文静等同学，她们现在的语文水平就是做高考语文试卷也能在中上游水平。这都得益于她们读书多的缘故。

（二）基础知识很重要

为了能让你们读好书，咱们课堂上三分之二时间都让给了读书背书。我没有像其他老师一样死死揪住基础知识不放，也没有做大量的习题试卷。我从题海之中把你们解脱出来，就是为了让你们能更好地读书。还有，我认为那些基础知识，不就是字词的音形义、文学常识、诗文背诵默写、文言文的字词解释和翻译吗？这些知识是任何人只要下点功夫就能掌握住的，不需要别人天天追着你去学习啊。再说，被别人硬逼着学习的滋味也不好受啊。另外，像病句解析、词语运用、句子排序、标点符号，你只要会读书，多读书，有了丰富的词汇积累，有了基本的语感，我们再稍加练习，就会应对自如了。至于阅读理解和作文，实际上都是在考查你的读书功夫。所谓"厚积薄发""读书破万卷，下笔如有神"是也。读是输入，写就是输出。

（三）要重视书写

对书写的重视，从我设置的习字一刻钟以及对你们书写的指导中，你们应该能感受得到。

其实，关于我的教育和教学思想，平时我没少给你们渗透。所谓"师傅领进门，修行在个人。"我知道咱们同学们因智力、学习基础以及兴趣爱好等方面存在着差异，所以在最终的学习效果上也就各不相同了。我很理解你们，也尽量站在你们的角度考虑问题。可我还是存在着疑惑，你们真的用心学习我们的语文了吗？前面我提到的种种问题，归结为一个原因，那就是有些同学的语文学习态度还是不够端正、学习还是不够主动。可我真的不愿意把你们当作学习的机器，把知识强硬灌输给你们，那样既伤害了我们师生的感情，又破坏了你们学习的胃口，咱们为何要相互折磨呢？

至于你们在学习上暴露出的问题，既有你们自身的原因，也有我的原因。就像我前面所说的，因为我教学水平有限，所以还不能让每一个同学都爱上语文，这也许是最主要的原因。所以我也是在不断地学习不断地反思，争取做到最好。我也希望同学们反思一下自己的语文学习，看看哪些问题是自身能够解决的，哪些问题需要靠别人的帮助才能解决。如果是需要我的帮助，我愿不遗余力。如果是需要我改变的地方，我也愿意挑战自我。但，"当局者迷，旁观者清"。我的问题仅靠反思还不能完全解决，我需要同学们的帮助，就是需要同学们给我建言献策。我之所以费这么大周折，向你们提出这个请求，第一，说明我很在乎同学们的建议或意见；第二，我希望同学们站在一个向上向善的角度说点心里话；第三，我希望同学们像朋友一样给予我指导，真诚勇敢地表达出自己的看法。

不知道我的表达是否清楚，如有问题，我们再做交流，好吗？

谢谢你能认真地看完这封信！

你的朋友：何本清

2019年5月13日夜

充满期待的回信

灵君：

  今年教师节能收到你的来信，心里感到特别激动特别幸福。虽然我也收到了好多同学的短信、微信以及电话祝福，甚至还有好多红包祝福，可这些都抵不上你的来信。这种心与心的交流才是真正的祝福。

  你的来信让我又回忆起和你们在一起的那段激情燃烧的岁月。运动会上我为你们焦急为你们呐喊；远足活动中我们在野外的篝火晚餐；交心本上抑或走廊里与你们的倾心交谈；送别你们时的那种依恋……闭上眼一切都仿佛在眼前，睁开眼一切又都在空气中消散。

  也许老师有点老了，喜欢怀旧了，有点啰唆了，对吗？可无论如何，有些人，有些事都会存在心间，比如你和你的这些同学们，我都难以忘怀。

  印象中的你，总是羞答答的，言语眉梢间总是笑嘻嘻的。你从未给我添一丝麻烦，我对你的教育也无从插手，也无须插手。因为在学习上你总是那么云淡风轻，仿佛不经意间，就把各科作业给摆平了；在生活上，那些乱糟糟的人和事总是和你毫不相关，你简直就是一个一尘未染的小仙女。那个时候，我经常感慨：好学生真不是咱教出来的！可后来你竟然说，我对你有那么深的影响，真是叫我惭愧至极。如果非要说有，那也许是我对你们的用情至深吧。

  你上高中时也经常给我发长长的短信，我就把你写给我的信读给同学们听，也给他们讲我和你们的一些故事。我后来的学生对你们，尤其是对你，都是非常了解的。无形中，你就成了他们的偶像。

  你说，你现在在大学里有点随波逐流，我完全理解你的处境。我知道，一个人要想别具一格与众不同，那太难了。除非你有足够强大的内心，能经得起各种异样目光的炙烤，能经得起各种流言蜚语的中伤，还得经得起各种挫折的考验。而这些，绝非常人所能忍受。其实，要想优秀，也不一定非得走极端，弄得自己跟不正常似的。中国人讲究退一步海阔天空，讲究中庸，也讲究妥协，这都是一些处世经验。你可以尝试联合一些志同道合者建立自己的小圈子，你也可以尝试着用自己的正能量去影响身边的人，你可以尝试着独自用功，做一些更该做的事，但也不要忘了分出一点时间给你的同学、室友，就当是自己放松一下好了。但千万不要把所有的或大部分时间和精力消磨在一些无意义的人和事上。

就拿我来说吧，我去年已经评上了高级职称，这也是目前中学里最高的职称。一般评上高级职称的人，大多都会松一口气，过自己向往的那种舒适生活去了。可我却又踏上了新的征程。我加入了新网师，天天读书学习。我还用自己的影响力，创办了读书会，领着一部分老师读书。我觉得这都是很有意义的一些事。木秀于林，风必摧之，我的这些行为也引起了好多人的不解和不满。可当我坚持下来的时候，我的真诚也得到了很多人的认可。我们的行为不可能让所有人都满意，更不是为了故意取悦别人。我们只为让自己的生活充实而有意义，如果能给周围的人带去一丝温暖与光亮，那就更好了。

什么样的人该走得近，什么样的人该适当地疏远，你得自己心里有数。因为每个人的情况都不一样，人家可以游手好闲可以任性，也许人家有资本。但你必须要认识你自己，清楚自己的情况才行。

还记得你初中毕业后给我写过的一段话吗？我保存着呢。现粘贴给你：几个月后，我就会认识新的同学，新的老师，新的教室……可唯一不变的是我会一直谨遵您的教诲，好好做人做事，挺直腰杆不屈服，做一个像您一样令人尊敬，正直的人。好好学习，不辜负您的教育……

再读读这段话吧，也许你能从中汲取一点力量。

你说我对你的期望值很高，是的，我对我教过的每一个学生都抱有很高的期望。但这个期望不是希望你们个个都能成为王侯将相的人上人，只是希望你们将来不管从事什么工作，都能成为一个堂堂正正的人，一个不令自己厌恶的人。

你能意识到自己目前的困境，说明你很有反思意识，也说明你想改变自己。在这个人与人关系普遍淡薄的时代里，人们宁愿把情感付给冰冷的手机，也不愿和身边的人以及亲人和旧相识多说一句话。而你这个纯粹的"理工女孩"却愿意给我写一封长长的信，可见你的内心深处依然是个精神丰富的人，说明你依然没有忘掉自己的初心。在成长的路上，谁没有暂时的迷茫？就像一句诗所说的："谁无暴风劲雨时，守得云开见月明。"

  老师希望你整理一下自己的思绪，走好脚下的路！你只要不虚度时光，在我眼里你永远是优秀的！

何本清

2019年9月13日星期五

学习是一个连锁反应

——新学期致新同学的一封信

同学们：

新的学期，新的班级，我们师生之间还不是很熟悉，我想通过书信的形式和同学们交流一下，以促进我们之间的相互了解。

先说说我吧。我自认为自己还算得上是一个比较有良知的班主任，在班主任管理上我也总是尽心尽力。能站在你们的角度来考虑一些问题，但往往又有很多不到位的地方，所以也总是错误频出，在这里还请你们多多包涵。我从不会单纯地以成绩来评价一个学生的好坏，但我会很看重学生的人品表现。以前我脾气很大，但现在好多了。我不会动不动就和你们发火，也绝不会用暴力来镇压你们，但我会和你们商量着讲道理，如果你讲道理，一切问题都好解决；如果你蛮不讲理，我也绝不会放纵迁就你。我不想放弃任何学生。说这些，意义不大，还是要看我们今后如何相处吧。

我再说说有关学习的事吧。我知道，现在我们班的同学分化现象十分严重。有的同学正信心满怀、扬帆起航；有的同学正犹豫不决、徘徊观望，初三了，现在学还来得及吗？有的同学甚至干脆放弃学习，我反正不行了，还学个什么劲！

我想告诉你们，尽量学吧，只要学就有收获，哪怕是考不上高中，也要拼一下。原因是：人生是一个过程，不只是一个结果。奋斗的每一天才是充实的有意义的。有意义的人生，就是由无数个有意义的日子连缀而成的。再说，学习的意义还在于能养成知难而上、勇于向前的良好品质，这都会为你日后走向社会打下良好的基础。反过来讲，混日子真的好难，那种迷茫，那种空虚，叫人度日如年。我们的学习不为老师，不为父母，只为自己心安！

我们是一个班集体，班里所有的同学都是你最亲近的人，毕业后，他们都是你最重要的社会资源，生活上你们都会互相扶持，在你不如意的时候，他们都是你倾诉的对象。我只问一句："你希望你的同学有出息吧？"可怎样让我们的同学发挥出更好的水平，将来更有出息？那就是让我们生活在一个关系融洽、学风浓浓的班集体里。而这样的班级，离不开我们每一个同学的努力，你个人的努力就是最大的贡献。我知道，每个同学在内心深处都想给同学们、老师们留下一个好点的印象，谁不愿意把自己最美好的一面展示给别人呢？谁又愿意让别人厌恶自己呢？同学们，请回头看看我们班级后墙上的标语：让别人因我的存在而幸福！你能在学习上或生活上帮助别人，别人就会因你的存在而幸福；不能帮助别人，你尽自己最大的努力去学习，不违反纪律，不给别人添堵添乱，别人也会因你的存在而幸福。但反过来讲，你一旦在学习上不努力了，你就会无所事事，一旦无所事事，你就会别有用心，甚至惹是生非。那时候，整个班集体就会因你而鸡飞狗跳一片混乱。这是谁也不愿意看到的局面，我想谁也不会成心制造事端。可问题是，有些同学仅仅把学习当作是个人的事情，心想，我的学习与别人无关。可问题哪有这么简单，你不学习就会惹是生非，前面已经讲过了。

另外，你不学习，我能理解你们，可未必所有的老师都能理解你们。当老师不能理解你的时候，老师就会追着你、逼着你学习。那时候你就会和老师发生冲突，老师就会在我面前告你的状。而学习又是学生天经地义的事，我还真不能替你掰回这个理。到时候我又得在你面前天天念经。如果不见效，我还得找你的家长，你的家长又会对你怒目而视，恶言相向。这样，你就会成为所有人的公敌，整个家庭整个班级也都会因你而心神不宁。这样的日子想想都后怕。

可见学习这件事，是个连锁反应。绝不是你想象的那么简单、单纯。

你如果因为基础差、底子薄而丧失学习的信心，大可不必。我会和任课老师联合你的父母，并结合你的意见，帮助你定下一个适合于你的小目标，让你在努力的基础上就能实现的目标。这样你该放心了吧！

接下来就是你给我写一封回信，分析你目前的学习状况以及相应的心理状况。接着再说说你的疑惑或打算，最后再说说你对老师或父母的要求和希望。希望你能敞开心扉说点心里话，这不是写作文，就别说那些空话套话了，好吗？

你的班主任：何本清

2019年9月8日星期日

做个自由人

同学们：

按原来的部署，今天应该是正式开学的日子。可因疫情问题，我们延迟了开学。延期不延学这是从上至下的一致要求，我想就是你们自己也不愿意长期玩下去。人就是这样，上学的时候盼着周末盼着放假，放了假又盼着开学。就像春夏秋冬四季轮回，一切都得顺应自然规律，否则就会乱了套。生活亦如此，该奋斗的时候奋斗，该放松的时候放松，松弛有度，才是正常的生活。只有正常了，一切才能成长发展，才不至于畸形。

一句话，该干什么的时候干什么，就是正常的生活。我觉得现在该是你们静下心来学习的时候了。还记得我常和你们说的"静能生慧"吗？可问题的关键是你们的心静下来了吗？你有没有打着学习的旗号玩手机？一天之中你在手机上消磨了多少宝贵的时光？你有没有被手机所俘虏而不能自拔？好好想想这些问题，反思一下，找回自我吧。

手机成为我们生活的一种工具，我们可以利用它购物、查找资料、获取知识，确实给我们的生活带来了极大的方便。可手机中的各类游戏娱乐软件，如快手、抖音、火山小视频等，它们播出了大量的娱乐信息，这些娱乐信息就像色香味俱佳的垃圾食品一样，极容易抓住人的味蕾，让人欲罢不能。你们看看这些娱乐信息的内容，他们要么装疯卖傻说潮话，要么表演狗撒尿式的"才艺"，要么传播令人反胃的心灵鸡汤，真是穷尽各种傻相、使出浑身解数，无所不用其极。观看的人更是傻笑不止，心生羡意，于是争相模仿。人们之所以如此着迷，是因为看的人有一种舒适感，演的人有一种存在感。可就在这种舒适感存在感里，人们麻痹了自己，忘却了真正的生活。

如果你还有一点思想，能保持一点清醒的话，你就应该知道，长期沉溺在这些娱乐游戏里是多么不靠谱的一件事。你可知道："生于忧患，死于安乐。"愿你我都能保持一份清醒。

你看看天上的鸟，看看大街上的狗就能知道了，动物是自由自在的，这些都是受本能的控制。人之所以为人，就是因为人除去动物性外还有人性。人性就是朝着最好的一面向前发展的。人性是一个人一辈子都在追求的，它没有最好，只有更好。就像90多岁高龄的于漪老师说："我一辈子做教师，一辈子学做教师。"如果人也随心所欲想干什么就干什么，那体现的只是动物性。那种想玩就玩的人其实是被工具（手机）所控制的人，是心被行役的人，是不自由的人。真正的自由，是心灵对身体的超越，是思想能控制身体的人。

最后用康德的话来和同学们共勉，"自由不是你想干什么就干什么，而是你想不干什么就不干什么。"我相信人性都埋藏在每个人的内心深处，只要你保持自觉和清醒，就能发掘出自己人性的光辉。我也相信每一个人的内心深处都是向好向善的，你们肯定知道什么该做什么不该做。做个自由的人吧！

这个世界上没有绝对这一说，任何事物都是相对的，都是辩证的统一。就像人，没有绝对的好人，也没有绝对的坏人，任何人都是善恶的统一体。自由也是如此，天下没有绝对的自由。你们可能认为，学生没有一点自由，老师管着，父母管着，纪律约束着，作业围绕着，哪来半点自由？如果这样想，你可真够悲惨的，你的生活将会是愁云惨淡万里凝。如果你反过来想，换个角度考虑一下，假如你离开了纪律的约束，离开了师长的管教，你会不会像野草一样疯长？再换个角度，所有的约束和管教是不是一种引导？引导你通往更加自由的道路。

处于成长期的你，对这个世界看得还不够真切，甚至有点朦胧迷茫，这很正常。其实人的所有错误都是思想观念惹的祸，因为你所有的言行举止都是受思想的控制。改变自己从放下执念开始，从接受真理开始吧。

这点文字是对上文的一个补充，请认真阅读这两段文字，然后以"自由"为话题，自拟题目，作文一篇。这是一个寒假作业，更是锻炼你思维的一种方式。真正的学习绝不是死记硬背，把自己当作一种容器。真正的学习是伴随着思维的运转,就像一个新生命的诞生,是伴随着母亲的阵痛产生的。你所完成的所有作业,如果没有这种阵痛的伴随——思维的运转,就不能称为作业。

班主任:何本清

2020年2月28日

不要远离我

亲爱的孩子们：

你们好！

昨天是9月1日，是开学的第一天，是你们正式升入初中的第一天，是你们告别儿童时期，正式成为青少年的第一天。新学期，新同学，新老师，新校园，一切都那么陌生而又新鲜……

曾经的你，是那么渴望长大，那么渴望步入中学的大门，今天终于迎来了这一天。不知你们的内心是否为此而欣喜欢呼？少年，奋发吧！我和你的亲人们，都在关注着你，陪伴着你。不管你的过去是多么的不堪，我绝不小瞧你；不管你的过去是多么的荣耀，我也绝不高看你。不管你是其貌不扬还是英俊潇洒，不管你的性格是活泼开朗还是腼腆羞涩，也不管你的成绩是好是坏，更不管你的家庭背景是贫寒还是富有，在我眼里，你们都是最可爱的人。因为我相信"天生我材必有用"，我相信每个人都是一个宽广的世界，我相信每个人都有无尽的可能性，我只愿你们都能成为最好的自己。

还记得昨天和我握手时的情景吗？你们是那么的小心翼翼，紧张得以致手心里浸满了汗，说话时还有点不知所措。还记得昨天我们竞选课代表和班委时的情景吗？除去个别同学外，大部分同学竟然置身事外，我知道，那是一种不自信和小胆怯。那时的你们完全丢失了青少年该有的样子：活泼、阳光，甚至是猖狂。我知道，在老师面前，你们还是放不开，对老师还是心存畏惧；我也知道，那是因为我还没有取得你们的信任。放心吧，"路遥知马力，日久见人心。"在今后的日子里，我会用我的表现赢得你们的信任。

我不知道你们是如何看待师生关系的，反正在我眼里，老师不该是高高在上的，不应该是真理在握的，不应该是冷若冰霜的。在我眼里，师生之间应该是"亦师亦友，亦父亦兄"的，应该是和谐的民主平等，应该是互相关心的友好相处，应该是"我看青山多妩媚，料青山看我应如是"的诗意和润泽。我真的不希望同学们把我当成高高在上的老师，对我敬畏有加；或者干脆把我当成"警察"，对我防范森严、躲躲闪闪，抑或把我当成外人，对我视而不见。我虽有点严肃，但处久了，你就会知道，我是"望之俨然，即之而温"的，我是一个比较好相处的人，不要害怕我，不要远离我，好吗？

  昨天，你们看到我的笑容了吗？我虽不爱笑，但，为了你们我愿意改变。你们愿意改变自己，让自己变得更可爱吗？

  今后，我们见面时，我们相处时，你们能和我来一次击掌问候，或者你们在我后面悄悄地蒙上我的眼睛，让我猜猜你是谁？那情景老师也不是老师，学生也不是学生，完全是老朋友了，我要的就是这种效果。

  最后，我郑重地向你们提出请求，我想成为你们的朋友，那种心贴心的朋友，那种"有福同享，有难同当"的朋友，可以吗？期待着你们的回信。

你们的大朋友：何本清
2020年9月1日夜

第五辑

生活随笔

——疏影横斜水清浅,暗香浮动月黄昏

短文十篇

静夜遐思

又是一个静谧的夜晚，没有任何人来打扰，连电话也都默不作声。独自沏一杯花茶，邀内心深处那个真实的我共品那淡淡的涩、柔柔的苦，还有那清清的香。虽无挚友畅谈，妻儿相伴，亦无红袖添香，但煨炉独饮，品出的是难得的孤独，孤独里却没有一丝空虚，有的只是荡漾的幸福。

更幸福的是，把这美妙的感觉化作文字流淌在笔尖，挥洒于纸上。

在这个虚华的时代里，还有什么比得上跟自己的内心交流更惬意的事情呢？我想应该没有了吧。

给自己的心灵放个假，给自己营造一个宁静的港湾。在这里唯一需要你做的就是天马行空地想，信马由缰地思，在这里你完全可以做一个精神上的任我行。

思过，想过，放松过，然后，整装待发。

我们不能沉湎于自己的精神世界，因为我们都是肩负责任的社会人。我们只有投身于社会的洪流，去中流击水，浪遏飞舟，才能独立潮头，活出精彩的人生。

一气呵成，写完此文，感觉舒畅。但美中不足的是，竟时而提笔忘字。看来平时敲打键盘惯了，以至于把我们中华民族的根给淡忘了，着实不该啊！

秋夜私语

今年的秋天似乎来得早了些,难耐的酷暑没好意思折磨人太久,便知趣地离去了。

今日立秋,晚间读书倦了,临窗而立,极目远望。喧嚣了一天的城市终于沉寂了下来。远方林立的高楼遮挡住了我的视线,可在这气温宜人的秋夜,我的心境却豁然开朗起来。

漆黑的夜里,仍有处处霓虹闪闪烁烁,往日看来那么刺眼,于今看来却是生机无限。

最妙的是,和着丝丝凉风,忽有蟋蟀弹奏的曲子飘入耳际。远处隆隆的车声早已成了背景,丝毫也遮掩不住这些小虫们的窃窃私语。这时才发现往日聒噪的蝉鸣已了无踪迹。

这些可爱的蛐蛐啊,它们不仅是秋天的使者,更是高明的音乐家。听它们弹奏一首清新的小夜曲,怎能不令人乐而忘忧?怎能不令人诗兴大发?于是,我也诌诗一首:

> 暑去蝉鸣尽,
> 秋至虫语起。
> 气温悦人意,
> 心境豁然明。

在这迷人的夜晚,稍有遗憾的是,今日月初,明月不能至。苏轼曾言:"且夫天地之间,物各有主,苟非吾之所有,虽一毫而莫取。惟江上之清风,与山间之明月,耳得之而为声,目遇之而成色,取之无禁,用之不竭。是造物者之无尽藏也,而吾与子之所共适。"可见人心无足,而知足者常乐。故今夜,清风、虫鸣于我足矣。

诗必,洗漱,卧床,在秋夜私语中飘然入梦。

我寄壮志与明月　随风直到青云端

壬辰年十月十四夜，读书多时，渐生困意，出门透气。一抬头，才发现一轮皎洁的圆月挂在空中。在月光的映衬下，蔚蓝的天空，缕缕的白云，稀疏的星星，都越发显得可怜清晰，整个苍穹仿佛都透明了。月光毫不吝啬地洒向大地，世间万物在融融的月光下都变得神圣了。真是风轻云淡，月朗星稀，我被眼前的美景深深地震撼着。

在历史的那一端，苏轼曾迷茫地对天发问："明月几时有，把酒问青天，不知天上宫阙，今夕是何年。"今天我扪心自问：嫦娥月月舞，心被尘世缚，自知心中苦，庆幸脱尘俗。何夜无月？何处无美景？但少闲情如吾此时耳。

想想以前，虽身为中层，却心系学校大计，为工作不曾有丝毫松懈，于是，天天熬夜，日日加班，年年忙碌，哪有今日闲情逸致，哪有此时心中美景。现在的我，卸去枷锁，轻装上阵。昼则捏一支粉笔，陶醉于课堂；夜则捧一本名著，畅游于经典。岂不悠哉，闲哉，美哉？

此时，举头望明月，低头思所为，无言独赏美景，别是一番滋味在心头。八千里路云和月，莫等闲，白了中年头，空悲切。我寄壮志与明月，随风直到青云端。

《马说》改写

世有人师，然后有弟子。弟子何其多，英俊层层出，然英俊常在，而良师难求。故虽有俊杰之能，诋辱于庸师之手，淹没于世俗之中，难以俊杰称也。

所谓弟子者，个性迥然。学之，或茅塞顿开，或顽冥不化，实为正常。然师者不能因材而教，固有天赋秉然者，大都泯然众人矣。

教之不以其道，诲之不能尽其力，求之不能通其意，扼腕叹息曰："天下无人！"呜呼！其真无人邪？其真不知人也。

庸师当道，英才无路，天下之悲乎！

纵观天下良师，其育人之道，多以人为本。尔等善跑，跑之；汝辈善舞，舞之。良师善励人，人有不足，诲之不倦。良师善医，视顽疾，不畏难，疏而不堵，可谓不战而能屈人之兵。

读论语有感

近读论语成瘾。晚间饭后，捧一本论语，疾诵之，如流水滔滔，如行云悠悠，岂不快哉！子曰诗云皆雅言。率性而读，修道也。道也者，不可须臾离也，可离非道也。正如"君子无终食之间违仁，造次必于是，颠沛必于是。"

读毕，意犹未尽，踱步于室，品咂其味，回味悠长，妙不可言！"不图为乐之至于斯也"！鱼香肉香，皆弗如也。

兴尽，食消，记之为乐！

仰望星空

饭后，读书、备课完毕，起身，燃一根烟，活动活动早已僵硬的腰身。不由自主地出门来到院子里，不远处的国道上传来了隆隆的汽车轰鸣声，间或夹杂着几声犬吠，才发觉夜已深沉。

抬头，仰望星空，见满天星斗悬挂于苍穹之上，不惊也不喜，不怒也不狂。多么静谧的夜晚，多么温馨的时光。

低头，踱步，沉思。我有多久没有仰望星空了？无语。

我们是多么需要仰望星空啊。唯有仰望星空，我们才不会被世俗吞没；唯有仰望星空，我们才不会迷失自我；唯有仰望星空，我们才会坚守内心的执着。

幸好，在教育的世界里我还不忘仰望星空。开学以来，一直在研究小组合作，一直在尝试语文主题教学，一直在摸索学生自主管理……今日仰望星空才发觉，自己早已情郁于中，不能自拔。以至于只顾一味汲取，而忽略了沉淀反思，到现在才发现竟然没有留下任何思考的痕迹。这是多么的可笑啊，竟然把"学而不思则罔，思而不学则殆"的古训给忘却了。

别恼，也别急，从今日起，不忘仰望星空，开始脚踏实地，重拾凝滞的钢笔，注入新鲜的墨水，记录充实的每一天，继续走反思之路吧。

思毕，顿感凉意来袭，满天星斗，不敌他夜来风急。回屋，高枕而卧。

找回自我

今晚，有好友相邀，外出小酌。我自知酒量不佳，怕酒后误事，于是，席间再三推辞，可盛情难却，最终还是喝了半杯酒。半杯酒于我来说并无妨碍，可只要沾了酒，人就容易忘乎所以。于是酒后，串了一个无关紧要的门子，明明知道这一家好有牌局，明明知道去了就难以脱身，也明明知道自己还要做功课。可那时竟有一种鬼使神差的力量驱使我迈开了走向安逸的脚步，并且还自我安慰道：就待一小会儿，八点就必须回去看书。可这根本就是一种自我欺骗。接下来的事情，完全在我的预料之中，那就是三五好友围着火炉，喝茶，聊天，打牌。在这样一种氛围里，茶喝得舒服，天聊得尽兴，牌打得痛快。可痛快之后呢？

曲终人散，回到寒舍，悔意顿生。我这是怎么了？又一个美好的夜晚被我糟蹋了。如此这般，心中的理想如何实现？空谈误国，实干兴邦。这样的道理，我又何尝不懂？可在舒适安逸的生活面前，我的精神之堤竟如此不堪一击。

我本来可以不喝酒的，即使喝了一点酒，本来也是可以不串门的，可我竟一错再错，这怎能不令人懊恼？

反思自我，丑陋不堪，于是再下恒心，一周之内只出一次门，绝不轻易再喝酒。

活在当下，与朋友交，不往来，不可；与同事处，不交融，不可。活得精彩，与朋友交，与同事处，过繁，过频，便会失去自我，亦不可。

读书之乐

过去的那些年，从读书到实践，磕磕绊绊，我一直在孤军奋战。也常想拜一名师，求得指点。可惜机缘未到，夙愿未偿。最近，幸得一友传佳音，得识"新网师"。

于是，从申请加入到网购图书，从殷切期盼到打开云柜，面对这一包沉甸甸的图书，我竟觉得就要和这些书弥散在这春意阑珊的夜色里了。久违了，李镇西！久违了，新网师！

拆包，抚之，嗅之。而后，签名，捧读。

就从《爱心与教育》开始我的学习之旅吧。从3月7日到3月17日，历时11天，读完了《爱心与教育》，这期间，我是且读且思且践行。

学困生转化已经在行动了。优生培养也已做好计划，下周务必迈出行动的第一步。接下来还要办两件事，第一，我准备开创"懂你"工作室，为更多学生的心理健康教育贡献一点自己的力量；第二，我准备制定学生谈心制度。基本内容就是利用午饭后和下午大课间两个时段分别找5个学生谈话，争取一周内和每个学生都谈一次话，周周坚持。

之所以读得不是很快，是因为我读好书有个习惯，就是边读边咀嚼。特别是遇到精彩的地方，总是不忍卒读，总是掩卷玩味深思。有时狂态毕露，这不由得让我想起了《醉书斋记》中的一段话："顷至会心处，则朱墨淋漓渍纸上，字大半为之隐。有时或歌或叹，或笑或泣，或怒骂，或闷欲绝，或大叫称快，或咄咄诧异，或卧而思、起而狂走。"此乃真性情也，读书之乐尽显其中。

瞧我这记性

我们北方人都有晒被子的习惯，尤其是在寒冷的冬天，每隔三五日便晒一次被子，这很正常。盖着太阳沐浴过、洗礼过的被子，再冷的天你都不会怕。你会闻到太阳的味道，那是一种香香的、甜甜的味道，那是母亲的味道。我蛮喜欢这种味道的，可我却不常晒被子，因为我记性不好。

这不，今天下班后，有三五好友相邀，小聚一番。席间，我们推杯换盏，海阔天空，真是相谈甚欢。饭后，意犹未尽。一好友极力邀请我们去他家喝茶，盛情难却、好意难违啊。于是来到好友家，喝茶聊天。就在我们神聊之际，我的第六感觉突然告诉我，我晒的被子还没有收起来。一看时间，已经八点多了，于是告别好友，急匆匆赶回宿舍。

一进大门，我就看见我的被子还幽幽地吊在铁绳上。咳！我今天晒的这被子，那叫一个字——"透"啊。它不仅吸收了日光，还吸取了月光，真可谓吸取日月之精华，那还不透吗？我自我解嘲，幸好今晚天气晴朗，没有雨雪，如遇雨雪，那才叫"透"呢！

回想这么多年来的晒被子经历，十次晒被子九次忘，不过每次我忘了，可总有好心的邻居帮我收起来。如果邻居也不在家，那我的被子就会晒得更透一些，像今晚这样。

记得最经典的一次，周五早上起来，见阳光尚好，就抱出被子晾晒在铁绳上。下午下班后就匆忙驱车回家了，早把晒被子的事忘得一干二净。可不巧的是，傍晚，风云突变。只有在这个时候，我才会想起我那可怜的被子。于是赶紧给邻居打电话，央求人家把被子给我收起来。邻居在电话里嗔怒道："这个时候收被子，被子早就淋透了，不用你打电话，风一起，我就把你的被子收起来了。给你减免了损失，回来请客啊。"我挠着头皮讪讪地回应："好好，你可帮我大忙了，回去我一定请你啊"。

你瞧我这破记性！

从此，我很少晒被子。因为我只管晒，不管收。只要晒，肯定忘。忘了之后，一怕被人家顺手牵走，二怕给邻居添麻烦。

真诚的教育

《论语》中有这样一篇："子贡问友。子曰：'忠告而善道之，不可则止，毋自辱焉。'"其意思就是：子贡问交友之道，孔子说："看到朋友做得不对的事，你要真心地劝告，善意地引导，如果他实在不听就算了，别再说了，不要自取其辱。"

现实生活中，这样的诤友已经不多了。从民主的角度讲，师生之间绝对算是一种朋友关系了。可现实是，我们很少拿学生当朋友。一般情况下我们都还是处在高高在上的教师角色，面对学生出现的问题，尤其是面对那些"屡教不改""朽木不可雕"的学生，我们要么是怒目金刚似的斥责，要么是弃之如敝履似的不屑。前者是打着"为你好"的幌子行功利之实，后者表面是无可奈何地放弃，实则是不负责任的表现。

在教育过程中，面对孩子所犯的错误，适当地警告、批评甚至是惩罚，都是很有必要的，否则孩子就会迷失在暂时的轻松和快乐以及不当的观念中。根据孩子所犯的问题，我们要具体问题具体分析，那种简单粗暴不问青红皂白式的教育只会压抑孩子的心灵，甚至有些孩子直接愤而抗争，致使很多老师自取其辱自寻烦恼，丢了面子下不来台，最后不得不大喊大叫愤怒发狂。就这样，一些教育悲剧一再上演。

其实更多的学生问题，不需要狂风暴雨。真正地走进学生心灵的教育还是那种春风化雨、润物无声的熏陶感染。这是一种真诚的教育。真诚的教育是对生命的一种尊重，是对教育规律的一种把握，是对学生成长的一种洞见。

月光下的遐思

最近老是梦见那条小路,那条儿时走过千遍万遍的小路,那条坑坑洼洼的小路,那条蜿蜒曲折的小路,那条早已烙在心中的小路。

今天晚饭时,喝了一点酒,借着酒力,我踏上蓄谋已久的"旅行"。村子里路灯早已亮起,走到大街上,不时遇到一些熟人,顺便打一声招呼。

悠然间踱到了村外,来到了那条朝思暮想的小路上。不成想,竟和月亮撞了个满怀。这才发现,今晚的月亮如此皎洁,真想把它摘下来,捧在手里看个够。这样的良辰美景,于不知今夕是何年的我来说是何等惊喜啊!童年、梦境、李白、苏轼、张若虚等一些诗意的画面、人物一起涌入脑海。

寂静的小路上空无一人,陪伴我的却只有我那飞扬的思绪、狭长的影子,还有那轮明月。当初李白也许是身在他乡为异客,所以才有了"举杯邀明月,对影成三人"的孤独感叹。而我就在家门口的小路上,内心有的只是一种满足和享受。那种精神的寂然又让我想起了张若虚的"江畔何人初见月,江月何年初照人?"的天问,他还流露出"不知江月待何人,但见长江送流水"的疑惑。此时的我既不孤独也不疑惑,反而有一种明月有情只为我的窃喜。

就这样惬意地想着、走着,浑然间来到了我们家曾经的田地旁。我索性蹲下来,对月静思。我可不想那么快结束行程,我要在月光下沐浴,我要在这里寻找我儿时的童真。

记得小时候,我常跟随父母来这里拾棉花。其实那时的我并不爱干这类的活计,所以干不了多少,就偷偷跑到小路上或沟里疯玩了。

在小路上,我常把自行车骑得飞快。尤其是在坡度大的地方,我常常呐喊着来一个冲刺,不为别的,只为寻找一种风驰电掣般的感觉。在这样的路上寻找这样的感觉，往往是要付出代价的。我经常付出的代价，就是今天把自行车的蹬子或车把摔弯了，明天把自行车的链条弄断了。当然，最不可缺的就是我的累累伤痕。为此，没少挨父母骂，可那时的我却乐此不疲。

有时候，我故意把拾棉花用的白包袱扎在腰上，把自己装扮成一个白袍小将，当然手里必须要有一条五钩神飞亮银枪，其实只是一根木棍罢了。可那时的我分明就是古战场上的白袍小将啊，你看那小将威风凛凛地喝道："呔！尔等可知我是何人？我乃罗成是也！见了本将，还不赶快下马受死，如若不然，吃我一枪！"说罢举枪便刺，哪里仅仅是刺，那木棒在我手里真是上下翻飞，勾、划、撩、砸一系列动作倾泻而出。真是好不威风！等我耍够了，玩累了，定睛一看，一定有不知谁家的玉米秆或高粱秆遭殃了。此时的我会撒腿便跑，跑到地里拾棉花。做了坏事后，干起活来就特别卖力了。

就这样想着、笑着，好似在梦里。

"夜吟应觉月光寒"，在这深秋的夜晚，有缕缕寒意来袭，可三杯两盏淡酒，也不敌他晚来风凉。于是，起身，带月携梦归。

二月二琐忆

农历二月初二，传说是龙抬头的日子，它是我国北方地区的一个传统节日。过去农村水利条件差，农民非常重视春雨，庆祝"龙头节"，以示敬龙祈雨，让老天保佑丰收。无疑，这是人们对新的一年风调雨顺的热切企盼，是对春回大地，万物苏醒，五谷丰登美好生活的无比向往。

二月二的习俗很多，但至今令我魂牵梦绕的仍旧是炒棒子（玉米）花，炒料豆。至于为什么有这样的习俗，我不记得了。我也问过老人们，他们也不清楚，只说这是老辈留传下来的习俗。

但我忘不了的是，在那个物资相对匮乏的年代，对于我们这些吃货孩子来说，过了年，过了十五，开了学，最盼望的就是二月二，二月二的棒子花和料豆。

每到二月二时节，我们邻里之间，三五之家，都要合伙炒棒子花。妇女们都端着各自泡制好的棒子、豆子，有的还让小孩子帮忙拖着一捆秫秸，有说有笑地去早就商议好的一家炒。妇女们在灶间忙活着，我们几家的孩子都在院子里嬉笑打闹着。不一会儿，噼噼啪啪的炒豆声夹杂着阵阵香气便会弥漫于整个院子，惹得我们这些孩子直往灶间里跑。性急的会忍不住把手伸向锅里，想抓一把未熟的棒子花。大人们准会骂道："馋猫，小心烫！还不熟，快出去玩，屋里烟。"于是那个孩子，咯咯笑着跑出来，又去疯了。

孩子们的欢笑声，大人们的议论声，棒子花的爆裂声，声声如在耳畔；炉膛里跳跃的火苗，屋顶上袅袅的炊烟，村子里弥漫的香气，历历如在眼前。

等棒子花、料豆炒熟了，我们免不了要鼓动腮帮子，大快朵颐一番。那时的吃相是不忍看的。等解完馋后，可就要出洋相了。因为吃这些炒货，很容易造成消化不良而放点屁的。在这一方面，男女应该平等。我不知道那些娇小的女人是如何排放腹内之气的，也不忍想象，以免亵渎了美。可这又是一个关乎人性的话题，我不得不说，因为俗话说："管天管地管不了拉屎放屁。"我常记得我们这些半大孩子，对放屁是毫不忌讳的。有的会故意跑到别人面前，弯腰，撅腚，嗤的一声放出来，然后大笑着跑了。没关系，这不是在侮辱别人，这是纯真的友谊。也有的人，会把屁抓在手里，举到别人面前，边伸手掌边吹一口气；有的甚至干脆直接捂在别人的脸上。接下来就是另一个人的穷追不舍，胡卷乱骂。最令人捧腹的是，我们男生总是要比赛放屁的，看谁的更响亮。几个人甚至全班男同学，一字排开，有领头的会朗声喊道："撅——腚，预——备，放！"但听得大屁小屁，响屁闷屁，万屁齐发，场面甚是壮观。然而，接下来就会有人喊爹骂娘地跑向厕所。余下的人则会捂着肚子转着花地笑道："那家伙拉裤子里了！"

那时的我们年幼无知，没心没肺，无忧无虑，欢乐总是那么畅快！但我们也有懂事的时候。

二月二，家里炒好了棒子花、料豆，我们是不会私吞的。碰巧哪家有事没有炒，我们总会把自家炒的塞给他，直到他的口袋里盛不下。最温馨的画面莫过于老师的讲桌上，总是有一堆又一堆的棒子花和料豆。那是我们心甘情愿地向老师进的贡。每当老师看到这些东西，总是故作严肃地骂道："谁放的？少来这一套。不过，还算你们这些东西有良心！以后，可不许这样了。"我们总是笑而不语，为老师能默许吃我们家的棒子花而自豪。最令人放心的是，这一天老师是不会轻易发火的。

每每想到那些讲桌上的棒子花和料豆，我就自叹弗如。为什么我的讲桌上总没有贡品出现呢？是我做得不够还是孩子们不讲人情？不对呀，我们小时候，老师都是非常严肃的，对我们要求极为严格，真是非打即责。我常记得，老师打我们的工具就是门插管，那是极厚的木棍，可常常折在我们手上。但那时的我们从不记恨老师。可现在呢，老师对学生得哄着供着，生怕人家不高兴，生怕人家爹娘找上门来。即使如此，也没有换得人家的一点"贡品"。这不能不说是现实教育的一大悲哀。

我想，何时我们的讲桌上出现了"贡品"，就是我们现实教育冰雪融化的那一天，就是我们教育春天到来的那一天。

"财迷"的父亲

父亲今年60岁了。原先父亲的身体一直很棒,干活时,连村里年轻力壮的小伙子都比不过他。可前几年因为一次车祸导致头部受伤,为此还留下了一点后遗症。先前那个干活从不知苦和累的他,现在干一点活就烦,尤其是害怕管理枣树,心情总是抑郁着。所以总是嚷嚷着不再干家里的农活了,要出去打工,那样清心。就这样,我托关系,让父亲伙同几个乡邻去天津当了绿化工人。

今天是中秋节,是一家人团聚的日子。五一放假时,父亲回来过,临走时,说好了过年时再回来。可昨天晚上,父亲突然给我打电话说,他放了四天假,要回来一趟,说是带了好多零七碎八的东西,让我到村口接他。没等我劝上几句,父亲就说长途电话话费太贵,急急地把电话挂了。我是不愿父亲回来的,因为路途太远,来回就得奔波两天,现在又正值农忙时节,回来后又要忙好多活。回来一趟是很辛苦的。可父亲还是决意回来,我知道,他是惦记着母亲,惦记着地里的活,惦记着我们这个家。

父亲本来说好夜里赶车,今天上午十点左右到家。于是今天我一早就起来了,本想在九点赶回家的,可有点小事耽搁了一下,等到家时已经快十点了。可家里锁着门,我以为父亲还没到,母亲肯定在地里干活,就又开车去村口等父亲。等了一会儿也没等到,就回家了。回家后发现家里仍锁着门。就在我和妻子、儿子在街头徘徊时,远远地看见父亲和母亲拉着好多东西回来了。原来父亲回家后,没来得及放下东西就去地里找母亲去了,然后又帮母亲干完活才回来。

当父亲看到我们时,老远就兴奋地喊:"何威!何威!"儿子也激动地回应:"爷爷!爷爷!"等来到跟前,我上前同父母打了招呼,父亲走过来上下打量了儿子一眼，就摸着儿子的头说："瘦了，瘦了，也长高了"。等打开门进到屋里，父亲像招呼客人一样先让我们坐下，然后疾步走到外面，把他带来的东西搬到屋里。接着像变魔术似的从编织袋里拿出了一样又一样东西。先拿出一个七八成新的足球说："何威，这是给你的，你看稀罕吗？这是我从路边拾的。"儿子接过足球，眼睛一亮说："虽然有点旧，可我正迷上踢足球呢"。说完就把球放在脚下玩了起来。父亲接着又拿出一套迷彩服，说是从一所大学校园里捡的，并且捡了好多，都让他送给工友们了。还说现在的大学生啊，真是不知道过日子，好好的军训服装，用完了就扔，边说还边把衣服展开让我妻子看，问我妻子能不能穿，妻子说她自己的衣服还穿不过来，哪里愿穿这种不合时宜的衣服。然后，父亲又拿出了两把暖瓶、一双球鞋，还有几个小饰品等好多零碎东西，并且说这些都是他在上班时捡到的。这我是知道的，父亲做绿化工人，常年在户外上班，有时在街上种树栽花，有时在各种单位除草打药。父亲是一个很知道过日子的人，每当看到这些被人家舍弃不用的东西都要拾回去。最后，父亲竟然从编织袋里倒出了两个大冬瓜，一个足有十多斤重呢，说是他们单位种的，都吃不完，领导说谁回家就摘两个吧。望着父亲带回来的一地物品，儿子笑着说："爷爷都快成捡破烂的了！"父亲笑笑说："老百姓就这样过日子啊！"

等父亲"显摆"完这些东西，妻子和母亲就忙着做饭，吃完饭，父亲又从口袋里掏出一张百元大钞硬要塞给儿子，说是城市里的东西太贵了，他什么都没舍得买，就给孩子这点钱，再从家里买点好吃的吧，家里的东西毕竟便宜。我没让儿子接父亲的钱，我知道父亲挣钱不容易。父母现在不拖累我，我怎能再从他们手里要钱。

回来的路上，妻子笑话父亲的"财迷"。其实她哪里知道，父亲的"财迷"是中国农民勤俭持家的表现。

给儿子的一封信

一

儿子,都安顿好了吗?今天上午收拾你的房间,望着空荡荡的房间,心里很是寂寥。假期里,你总是躲在房间里,虽然很少和爸爸说话,可我心里很踏实。现在你又去上学了,一下子见不到你,爸爸的心里很难受,似乎五脏六腑都被掏空了。

按理说,你去上学,去深造,又不是出去瞎玩,我不该伤感。可你是知道的,爸爸非常爱你,自你小时候就这样爱你,到现在还是如此。我知道,在一定程度上爸爸对你绝对是溺爱,不知你有没有感觉到。也许是爸爸错了,所以那天我就告诉你,爸爸管不了你了,你要管住自己。

原本我的教育理念是用身体力行来教育你的,你应当能看得到,爸爸在工作上很卖力,读书学习从不敢放弃,当老师不读书不学习怎么去教育学生,我不想混饭吃,我想干出一番事业来,或者说我想做一些实实在在真正对学生对社会有益的事情。在为人处世上,爸爸也是尽量与人为善,尽力去帮助那些应该帮助的人,从不唯利是图,我的原则是以义为利,绝不以利为利。

可我的这些所作所为似乎对你的影响不是很大,所以爸爸特别担心你。所以也想特别提醒你,一定要管好自己,不能再稀里糊涂地混日子了。父母只能陪你一程,怎能陪你一生?未来还有很长很长的路需要你自己走,谁都靠不住,只能靠自己啊!

无论你是否成才,是否有出息,爸爸是永远爱你的,这是本能!即使有时候我对你恶言相向,那也是哀其不幸,怒其不争,恨铁不成钢,这都是暂时的风雨雷电，风雨过后天空依旧湛蓝。可一旦我的爱成了溺爱，你必须要保持冷静，学会爱自己。

真正的爱自己，就是把自己当回事，要有自信，相信自己来到这个世界上是为了干一件大事来的，绝不是浑浑噩噩的。

孩子，祝你在新的学期里，旧貌换新颜！其实上一学期你已经比第一学期好多了，我相信你这学期会变得越来越好！

爸爸希望你成为一个真正的男子汉！

二

亲爱的儿子：

再过半个月你就要满十九周岁了。本来在去年，你十八岁时，就想郑重地给你写封信，和你好好交流一下。可那时的你正离经叛道，我也心乱如麻，所以也就没有心思给你写信了。现在你已升入大学，又是一个新的起点，一切也都步入正轨了。说真心话，爸爸真是为你高兴！

岁月真是神奇啊，不经意间，你就从一个讨人喜欢的小男孩成长为一个大小伙子了。写到这里，我的思绪又回到了你的小时候。你小时候的语言天赋特别好，和你差不多大的孩子说话还都不太利落时，你发音就很清晰了。那时候，我特别爱听你说话。忙完一天，到了晚上，一听到你叽叽喳喳的话语，我所有的疲惫就都消散了。小时候的你特别坚强，生病时从不赖哭赖叫。小时候的你也特别开朗乐观。到现在，每次在老家住下时，我都喜欢看你上一年级开学第一天照的那张相。相片上的你笑嘻嘻的，双手掐腰，一脸幸福的模样。小时候的你和爸爸的感情特别好。记得你放学后回家，首先喊的不是妈妈，而是爸爸。就连晚上睡觉，你都喜欢往我被窝里钻。如果我没记错的话，在小学六年级，你还经常往我被窝里钻吧，你小子，总是把冰凉的脚丫贴在我身上。小时候的你，受我影响还特别喜欢读书。我总是在我学生们面前举你读书的例子。还记得在中心小学住的时候，每到晚上，我们爷俩都各自捧着自己的书读。那段时光是多么幸福啊！

应该说，你度过了一段幸福的童年时光。美中不足的是，当时，你妈做生意，对你照顾少了点。后来啊，你到滨州上了初中。我原本以为有你妈妈照顾你就行了，于是我把所有的精力都用在了我的学生身上，那时的我，一周回一次滨州。就在我的疏忽下，你慢慢地变了，变得贪玩了，不听话了。现在想来，都是我的错，真是追悔莫及啊！再后来，念及你的身体因素，让你上了体校，四年体校生活，于我来说就是一场噩梦，我真的不想再提了。

还好，在我们的共同努力下，你终于考上了大学。儿子，不知道你有没有意识到自己已经是一个大学生了？不知道你明不明白大学生应该如何生活？不知道你清不清楚十九岁的含义？所以爸爸在这里还要啰唆几句，希望你能认真看完。

爸爸最想告诉你的是，不论何时何地，你都要记住：做人第一，善良最美！只有善良的人才会经常替别人着想，才会赢得别人的爱戴，才会心胸宽广，不斤斤计较，才会赢得一生的幸福！了解一下马云、俞敏洪成功的背后吧，也许你会受到启发。其实做人方面，爸爸不太担心你，因为你是爸爸的儿子，你也不会差到哪里去，对吗？我知道，你也富有同情心，经常帮助弱小者。爸爸为你的这些行为而自豪。

爸爸最担心的，就是你进入大学之后随波逐流，被贪图享乐之风迷失了方向，迷失了自我。你的身上还缺少一股"狠"劲，对自己的"狠"劲。实际上就是缺少"勤奋"之风。也许这样说你，你不太高兴，可怜天下父母心啊！你能明白爸爸的苦衷吗？想想爸爸四十多岁的人了，为什么还是那么勤奋？人是要有精神追求的！但愿爸爸的实际行动能给你做出表率。

善良和勤奋是一个人最宝贵的品格，爸爸希望你能拥有这两种品格。但，我不得不在此提醒你，当今社会，保持这两种品格可能会很艰难。当面对太多诱惑的时候，一些本来善良和勤奋的人，往往把持不住自己而放弃了这些最宝贵的东西，还美其名曰"成熟"。真正的成熟，不是纯真的丧失，而是对纯真的坚守和对理想的追求，唯有如此，你的心才是自由和安宁的。孩子，你愿意让自己的心整天飘着吗？那你将会痛苦一生！

孩子，愿你能在心灵深处筑起一道坚不可摧的精神防线。果真如此，爸爸此生足矣！

再过半个月，你就满十九岁了。这应是一个非常庄严的年龄。十九岁意味着对自己的责任，从此你要告别任性，告别依赖，要挑起自己命运的重担而独立前行；十九岁也意味着对别人的责任，对父母，对亲人，以及所有关心爱护过你的人，你应该用行动来回报他们了；十九岁更意味着对社会的责任，大学生已初步融入社会了，你该考虑为社会贡献点什么了。任何时候都不要忘记你也是中华民族的一分子，做一个有用的人吧。

爸爸相信你一定会成为一个对社会有用的人的！

这封信写得似乎庄严了一些，但，你不觉得十九岁本身就是一个庄严的年龄吗？所以，爸爸该给你一些庄严的叮咛。

你未来精彩的人生才刚刚拉开序幕，无数种可能都会发生，爸爸尊重你的一切选择。但无论选择什么，只要你永远善良而勤奋，无论你今后是大有作为还是默默无闻，你都会拥有高尚而充实的精神世界，并因此而幸福一生。

我一点也不怀疑，我的儿子也会成为我的骄傲。相信你会用你的实际行动来回答所有关怀你的人的。

十九岁的生活里该不该有风花雪月，我不知道，但它的主旋律应该是这样的：

十九岁，是奋进的起点；十九岁，是生命的呐喊；十九岁，是公民的热血；十九岁，是青春的誓言！

永远爱你的爸爸
2018年10月8日星期一夜

忠诚的猫

妻子爱猫，家里养了一只黑白花的猫。我不大喜欢这只猫。它皮得很，成天上蹿下跳，尤其是患人来疯，你可别逗它，一逗它就蹬鼻子上脸。更主要的是，它不讲卫生，随地大小便。反正是猫该有的一切优良品质它都没有。我曾笑骂它："你这破猫，怎么像猴又像狗呢。"

让我心生恨意的是，它夜间常常会偷偷地跑到我们床上来，有一次还拉到了床上，被我不小心抓了一把，那叫一个恶心。于是我常想把它送人，可惜问了好多人，都没人要，可能是养猫成灾了吧。

后来，妻子进城打工，我自己在家带着孩子，还得照顾这只猫。你总得给它口吃的吧，喂猫吃饭得需要先放在嘴里嚼一下的，不像喂狗，扔给它一块食物就行。而且光干嚼馒头不行，你还得配上点虾皮之类的腥货，我原本就不喜欢腥，这样一来，我就更嫌麻烦了。于是我决定非要把它送出去不可，可依旧是没有找到肯收留它的人家。迫不得已，我恶向胆边生——把它扔了。都说猫有九条命，而且还认路，我得把它扔得远远的。于是我把它装在一个编织袋里，把它捂起来，扔到了四五里路之外的一个小村旁，但愿它能被一户好人家收养。扔掉它的那一刻，就像扔掉了一个背负已久的沉重包袱，顿觉畅快释然，那一夜我睡得很香。

令人不可思议的是，第二天早上，它又安然无恙地回来了。见到它的那一刻，我真是哭笑不得，看来不是一家人不进一家门啊，你可真是我前世的冤家，甩也甩不掉。

到了暑假，我带着孩子去了城里的家。临走前，我只给它留下了猫道——卸下窗户上的一块玻璃，供它自由出入，给它一个能遮蔽风雨的家，这也是我唯一能给它提供的方便了。至于吃喝，也只能听天由命了。好在从来没有饿死的猫，它会四处觅食养活自己的。我最不放心的是，那时它已怀有身孕，它能照顾好自己吗？唉，管不了那么多了。

　　暑假中期，我有事返回学校，因挂念我那只可恨的猫，不知它有没有还赖在我家里？不知它把我的宿舍糟蹋成了什么样子？不知它有没有分娩？所以我决定先到宿舍里看看。打开门的那一瞬间，一股潮气，一股霉味还夹杂着一股臭气迎面而来。我皱着眉头，提着鼻子，四下打量，正欲发火，此时，只见我那只猫"喵"的一声，从床上的一堆小猫身边站起，然后迅速跳了下来，蹿到我身边，伸了一个懒腰，喵喵地蹭着我的裤腿，还不时抬起头来看我。它眼里分明有几分凄楚几分哀怨，但更多的是故友重逢时的欣喜。床上的那堆小猫见状，也都摇摇晃晃地站起来，一起呜呜地叫着。那一刻，我什么都明白了，猫本柔弱，为母则刚。那一刻，我顿时感动了，感动得一塌糊涂，稀里哗啦。那一刻，我鼻腔酸楚，眼泪夺眶而出。我忠诚的老猫啊，真是对不住了。我顺势把它抱了起来，用手轻轻抚摸着它。

　　我的老猫啊，难道你不怨恨我吗？我曾经煞费苦心地抛弃你，又不顾你的死活离你而去，而你对我对这个家却始终不离不弃。我不在的日子，你是怎么度过的？我仿佛看到了老猫怀着沉重的身子，孤独地徘徊在街头；我仿佛听到了老猫分娩时无助的凄叫；我仿佛看到了黑夜里你熠熠发光的双眼，那是你为了抚养你的儿女，不得不拖着羸弱的身躯去觅食。老猫啊，我伟大的老猫！

　　放下老猫，我赶紧买来鸡蛋，打在碗里，搅拌几下，唤来老猫，我得为它补充营养啊。看着老猫贪婪地舔舐着鸡蛋，那一刻，我觉得异常幸福。

一天的工作

今晚，故友来访，畅谈至今，刚刚离去。时才发现，为时已晚，悔意顿生，恨自己把握不住时间。听说有一名家，惜时如金，每有客人来访，到了一定时间，就会下逐客令：我要工作了，恕不奉陪。可咱无名小卒，如若如此，恐遭人耻笑。于是舍弃时间陪君子，这可是死要面子活受罪，君子陪了，工作也不能落下啊，怎么办？加班，写博客！

今天上午是最充实的，也是最累的。适逢学校举办课堂大赛，我听了两节课，又上了两节课。这真是一个忙碌，不，是忙忙碌碌，跟头咕噜。

下班了，多想来一个美美的午觉，可早就跟学生说好了——从今日起，午读开始。于是胡乱吃一口饭，来到教室里准备午读。所谓午读，就是让学生吃过午饭后，从十二点半到一点这段时间去读书，读精选的课外书。当然，我的要求是：困了可以趴在桌子上小睡，有紧要的作业可以处理。除此之外，就是读书。半个小时的时间不多，但如果我能坚持下来，学生能坚持下来，一学期下来，一年下来，学生会读多少书？会学多少知识？会懂多少道理？想来，怎能不令人兴奋？怎能不令人跃跃欲试？我又怎能不去坚持？

午读开始了，看着大部分学生都在很投入地读书，当然，也有少数几个同学在做作业，在小寐，可这都挡不住我油然而生的幸福感。很想和孩子们一块儿静静地读书，可我实在是困乏极了，不得不来回走动，以抵抗我渐起的困意。

幸福的时光总是短暂的，半小时的时间一晃而过，我赶紧提醒学生去值日，去放松。因为十五分钟后，我们还得上习字一刻钟，这是我们班雷打不动的课程。就是让学生赶在一点半上课之前进行十五分钟的书法练习。如果我不这样忙活一下，学生很可能就在打打闹闹、说说笑笑中浪费掉这十五分钟。可如果我利用起这十五分钟，并坚持下去，学生的书写水平就会得到提高。想想大部分学生的书写水平，这十五分钟是多么的宝贵，多么的有价值。

下午的上课铃声终于响了，幸好第一节不是我的课，我也可以松一口气了。拖着疲惫的身躯，缓缓地爬到我四楼的办公室里，一屁股坐下，又站起来，我太渴了，沏一杯茶吧。沏好茶，咂一口，太烫，放下，凉一凉。借这个工夫，我告诫自己：趴一小会儿，就趴一小会儿。终于趴下了，可当我睁开眼的时候，一节课的时间已经过去了。我竟然睡了一节课，这还了得，让领导看见了怎么办？让暗访小组拍了照怎么办？我得跟人家小心翼翼、唯唯诺诺地解释：我中午加班了。谁让你中午加班了？自作主张，多管闲事，谁让你上的午读课？谁让你上的习字一刻钟？领导是这样安排的吗？乱弹琴，不按规章办事。你看谁家老师上班睡觉，你真是好大胆，毫不负责任，你这样的老师真不合格。呵呵，不合格就不合格呗，我无须狡辩。

你看，我的想象力是不是很丰富？这只不过是我的幻想而已，哪个领导不通情达理啊？喝一杯凉茶，继续工作。

第三节课是我在三班的语文课，我得再理顺一下我的上课内容，这一节课恰好。告诉你一个秘密，第三节课的上课内容我还没有写在教案上。但说实话，我早就在脑海中准备好了，我只需要在课前再理顺一下就行。如果再写在教案上就来不及了，上完课再补教案，我又觉得没意义了。就这样吧，反正又不是每节课都这样草率，我得需要自我安慰一下。

第三节课上完，躲在楼道里，偷吸一根烟，听学生们喧闹的声音，也是一种享受啊。不过，吸烟可是不可告人的秘密啊，现在都是无烟学校，在公共场合哪有吸烟的，可就是有这样不自觉的人，没办法。

过完瘾，赶紧跑到我的班里，上每天来最重要的一节课——跑步课。这最后一节课，都是我用我的语文课和别人换来的。这节课，我会用十五分钟的时间处理上课内容，剩余半小时，我带领学生到操场上跑步。要求学生小步跑或慢跑，就是做有氧运动。跑步的时候，有mp3的同学可以听小说，没有的同学要进入反思状态，不准说话。现在的孩子太需要体育锻炼了，什么阳光运动一小时，什么开足开全体育课，那都是骗人的。我们可以被人骗，但我们不能自己骗自己啊。谁叫咱还是一个班主任，手里还有点小权力呢？有权不用可要过期作废哟！

　　看着学生们在操场上运动的状态，一种骄傲之情从心底升起。此时，有电话打入："喂，老伙计，今晚我要到你那里做客，欢迎吗？"

第五辑　生活随笔
——疏影横斜水清浅，暗香浮动月黄昏

温暖时刻

生命是一个过程，而不是一个结果，不要把生活活成一场无尽的等待或煎熬。

——题记

生活就像一条穷凶极恶的狗，追着我们呼呼跑，容不得你喘息片刻，我们没有工夫也没有心情去欣赏沿途的风光。在这个喧嚣浮躁的社会里，大人为了生存，孩子为了成绩，都在疲于奔命。其实，生命是一个过程，而不是一个结果，不要把生活活成一场无尽的等待或煎熬。请放慢你的脚步，等等你的灵魂，你才会发现生活原来如此惬意、如此精彩！

今天在整理材料的时候，又发现了2015级毕业生毕业后给我的留言。重读这些情真意切的文字，让我激动不已，泪眼朦胧。感动！教育需要这样的感动，需要师生之间的互相感动。由他们我想到了感动，由感动我又想到了那些无数个曾经感动过我的孩子们。

每天的午饭后，我总是来到教室里，盯着孩子们的"习字一刻钟"，然后等他们午睡后，安静下来，我再悄悄离去。那一天，就在我准备离开的时候，新转学来不久的黄晓洁，拿着半块苹果怯怯地递给我，并小声地说："老师，您吃点苹果吧。"我连忙摆手示意道："我不吃，你快吃吧。"多好的一个孩子啊，吃个苹果都能想到老师。那一刻，我好感动。谢谢你，晓洁！

去年冬天，我腰疾复发，行动不便。小雨同学在日记本上提醒我保重身体，并在日记本里夹了一张专治腰腿疼的名片，希望我赶紧去治疗。多么细心的一个孩子啊，我怎能不感动？小雨，谢谢你！

一次下课后，我刚走出教室，就感觉到有人轻抚了一下我的后衣领。我转身一看，是数学课代表时琦。我冲她会意一笑，她也没说什么，就去办公室交作业了。我知道，刚才她是为我拂去衣服上的落发或头皮屑。那一天，我的心里都是暖暖的。

还有过去的一位学生，她在作文中写道："等将来有一天我有了出息，我在城市里买上车买上房，我就把何老师接来住……"多么纯真、善良的一个好姑娘啊，到现在我还常常记起她挂念着她。小贾，你现在过得可好？

还有在是非面前敢于挺身而出的小雯、俊昊，你们正义凛然的样子我始终难忘。小小年纪竟有如此胆识和勇气，怎能不令我佩服加感动？在分组时，能主动把别人不愿接纳的同学揽入麾下的李月，你聪慧的眼睛总是一眨一眨的，你也总是面带微笑，这不正是彰显了你的善良和自信吗？你帮助了同学，也为老师解决了难题，我能不感动吗？还有，总是尽职尽责辅助我上课的语文课代表——晓雨、思文和晓婧、明佳，在我的印象当中，到我办公室里叫我去上课，她们从没有落下一次。还有为了班级总是默默付出毫无怨言的班长边雨；为了帮助同学总是乐于奉献的佳欣；还有从不给别人添麻烦的安伟、玉红、楚楚等，你们的行为都令我感动。

还有好多这样的同学，例如：总是默默无闻的梦雨、雪洁、晓迪；有点调皮的晓琳、立甫；有些执拗的晓彤、令君；以及几近令我束手无策的庆普、光明、浩楠；还有已经离校的淑晴、嬉皮笑脸的家辉等，一说起你们，我真是感慨万千。你们的成绩虽然不是很理想，但你们绝对是最可爱最纯洁的人。因为不管老师对你们吼叫还是怒骂，责罚还是拳打，你们从没有记老师的仇，见了老师还是那么热情地打招呼。你们不知道，你们那一声甜甜的"老师好！"真的能把我融化了。谢谢你们，谢谢你们宽广的胸怀！在这一方面，老师真得向你们学习啊！

在这里，老师真诚地向那些曾经被我伤害过的同学说声——对不起！

感动，无处不在。就凭这些感动，我还有什么理由抱怨生活，我还有什么理由不去好好爱我的学生们。

别把生活过得那么狼狈，疲惫的时候，请放慢你的脚步，等等你的灵魂，换一种视角，怀一颗感恩的心，你会发现原本平淡琐碎的生活里，也藏有诗和远方！

沸腾的课堂

剪子包袱锤！剪子包袱锤！我赢了！

语文课上，教室里不时传来划拳声，欢呼声。这是怎么回事？莫不是教室里乱套了？非也，原来是我们正在上作文展评课。

一周一次的作文展评课，是我们学生最期待的课，比音体美课还受欢迎的课。

课堂上，老师首先播放上期作文报录选同学的照片。看着照片，我们大声喊出被录选同学的名字。这个环节真是几家欢乐几家愁啊。当被录选同学的名字被喊出时，那是多么的自豪与得意啊，我想此时此刻，他们的心里比喝了蜜都要甜吧。听，那些声音最洪亮的；看，那些满脸神采飞扬的，肯定就是那些被录选的同学了。再听，那些随声附和、含混不清，甚至是只张嘴不出声的；再看，那些满脸尴尬，神情暗淡的，肯定就是那些没被录选的同学了。

没被录选的同学虽然有些不快，但接下来的环节，很快将这些不悦给冲散了。

接下来的环节是选出上期周报中最受欢迎的五篇作文，先由学生根据周报上的内容选出自己中意的五篇作文，然后老师公布结果。如果学生选的和老师公布的相吻合，就有机会获得作文"优先卡"。但优先卡并不是所有吻合的同学都能获得，而是根据吻合的人数产生。比如吻合四篇的有六人，这六人中只产生三张优先卡，那谁有机会获得呢？这就要靠运气了，通过剪子包袱锤，赢者获得！

于是，一场大战开始了！

被分到一个小组的两个同学都想获胜，但看他们摩拳擦掌、跃跃欲试。

可来到讲台上，他们又紧张得不敢出拳，在人们的催促下，他们才小心翼翼地出拳。第一轮，他们胳膊抡不开，喉咙喊不出，一副如履薄冰、如临深渊的样子。这哪里是划拳定胜负啊，这分明是划拳定生死嘛。见他们这副样子，我们台下的同学都急得跺脚、伸脖子、砸桌子，还冲他们大声吼："快点啊，放开来，大声喊出来！"也许是被台下同学的热烈气氛所感染，第二轮他们便换了个人似的，但见一位同学微闭双目，往手掌心里吹了一口气，又紧紧地把手掌攥了起来，扬起胳膊，准备出拳。另一个同学，后撤一步，把拳头藏在背后，虎目圆睁，准备完毕。只听他们齐声高喊："剪子包袱锤！"等亮出手势后，胜负自然见分晓。赢者欢呼、转花；输者叹气、拍腿，围观者悬着的心也放了下来。

　　一局出不了结果，三局两胜才为赢。一组完毕，另一组又来。于是，教室里热闹起来了、蓬勃起来了、沸腾起来了！

　　你说，这样的课堂谁不喜欢，谁不期待？

教师颂

是谁

用知识的火把照亮莽莽人间

让我们走出愚昧和野蛮

是谁

宁愿摘下自己的翅膀

也要让别人飞翔

是谁

在生与死的分界点

依旧挺起胸膛

是谁

甘愿困守一方

也要为他人打开一扇窗

是谁

抖抖衣袖

便能散出一地芬芳

又是谁

任世界喧嚣

也不迷茫

是名垂千古的孔孟老庄

是胸怀家国天下的蔡元培、陶行知

是奋斗不息的魏书生和于漪
是默默无闻的张丽莉、孙丽娜
更是那千千万万个平凡而又伟大的人
他们都有一个共同的名字——人民教师

您
春风化雨润无声，甘做人梯任攀登
您
两袖清风双眼明，一身傲骨一腔情
您
鹤发银丝映日月，丹心热血沃新花
您
春蚕到死丝方尽，蜡炬成灰泪始干
您
春播桃李三千圃，不问硕果满神州

不说了，不说了
世间一切华美的辞藻
都无法表达对老师的赞誉之情
我只想说一声
老师，您最美